Die Beeinflussung des Wettbewerbs
in der Energiewirtschaft durch steuerliche Maßnahmen

Veröffentlichung der Arbeitsgemeinschaft
deutscher wirtschaftswissenschaftlicher Forschungsinstitute e. V.
Bonn, zum Energie-Gutachten 1961

Die Beeinflussung des Wettbewerbs in der Energiewirtschaft durch steuerliche Maßnahmen

Eine Untersuchung
des Instituts „Finanzen und Steuern" e. V.
Bonn

DUNCKER & HUMBLOT / BERLIN

Alle Rechte vorbehalten
© 1963 Duncker & Humblot, Berlin
Gedruckt 1963 bei Berliner Buchdruckerei Union GmbH., Berlin 61
Printed in Germany

Vorwort

Der Präsident der Arbeitsgemeinschaft Deutscher wirtschaftswissenschaftlicher Forschungsinstitute, Professor Dr. Dr. h. c. Friedensburg, hat das Institut „Finanzen und Steuern" gebeten, als Beitrag zu dem von der Arbeitsgemeinschaft im Auftrage der Bundesregierung zu erstellenden Gutachten über die Entwicklung der energiewirtschaftlichen Struktur der Bundesrepublik die derzeitige steuerliche Behandlung der Gewinnung und Verwendung der Energieträger — Steinkohle und Öl — zu analysieren und Vorschläge für eine Besteuerung zu machen, die den Interessen der deutschen Wirtschaft und zugleich den Interessen der in Frage kommenden Wirtschaftszweige entspricht.

Das Institut legt hiermit das Ergebnis seiner Untersuchungen vor.

Bonn, im Mai 1961

Inhalt

Einleitung 9

A. Der Einfluß der ertragsunabhängigen Steuern auf den Wettbewerb der Energieträger 11

 I. *Die erfaßten Steuern* 11
  1. Steuern nach dem Vermögen und der Lohnsumme 11
   a) Vermögensteuer 11
   b) Gewerbekapitalsteuer 12
   c) Lastenausgleichsvermögensabgabe 13
   d) Gewerbelohnsummensteuer 14
  2. Verkehr- und Verbrauchsteuern 14
   a) Umsatzsteuer 14
   b) Mineralölsteuer 15
   c) Montanunionsumlage 16
 II. *Quantitative Analyse der Belastung mit ertragsunabhängigen Steuern* 16
 III. *Normenrechtliche Analyse der ertragsunabhängigen Steuern* 16
  1. Die ertragsunabhängigen Steuern im Steinkohlenbergbau 17
   a) Vorbemerkung 17
   b) Steuern nach dem Vermögen und der Lohnsumme (nur Kohlegewinnung) 17
   c) Verkehr- und Verbrauchsteuern 25
  2. Die ertragsunabhängigen Steuern in der Mineralölwirtschaft 27
   a) Vorbemerkung 27
   b) Steuern nach dem Vermögen und der Lohnsumme (nur Erdölgewinnung) 27
   c) Verkehr- und Verbrauchsteuern 31

B. Der Einfluß der ertragsabhängigen Steuern auf den Wettbewerb der Energieträger 35

 I. *Die erfaßten Steuern* 35
  1. Körperschaftsteuer 35
  2. Gewerbeertragsteuer 36

Inhalt

II. *Quantitative Analyse der Belastung mit ertragsabhängigen Steuern* 37

III. *Normenrechtliche Analyse der ertragsabhängigen Steuern* 37

   1. Die ertragsabhängigen Steuern im Steinkohlenbergbau 37
      a) Körperschaftsteuer 38
      b) Gewerbeertragsteuer 49
   2. Die ertragsabhängigen Steuern in der Mineralölwirtschaft 50
      a) Körperschaftsteuer 50
      b) Gewerbeertragsteuer 55

C. Der Einfluß von internationalen Verflechtungen der Unternehmen auf den Wettbewerb der Energieträger in steuerlicher Sicht 56

   I. *Ausländische Beteiligungen an deutschen Unternehmen* 56
     1. Die Auswirkungen des gespaltenen Körperschaftsteuersatzes 57
     2. Die Zulässigkeit der Abschreibung ausländischer Beteiligungen 58

   II. *Deutsche Beteiligungen an ausländischen Unternehmen* 59

Ergebnis 60

Einleitung

Der Staat greift durch die Besteuerung in das marktwirtschaftliche Geschehen ein, indem er die den Marktgegebenheiten entsprechenden Dispositionen der Unternehmer beeinflußt. Die dadurch eintretenden Änderungen der Dispositionen in einer bestimmten Richtung können seitens des Gesetzgebers ungewollt sein oder — insbesondere bei Zielsetzungen, die außerhalb der öffentlichen Bedarfsdeckung liegen — voll beabsichtigt sein. In beiden Fällen können Wettbewerbsverzerrungen eintreten. Im letzteren Fall können diese jederzeit wieder beseitigt werden. Wesentlich schwieriger liegt der erste Fall, der dann akut wird, wenn behauptet wird, daß die „Änderung in bestimmter Richtung" den Wettbewerb beeinflußt. Das führt an sich in diesem Zusammenhang zu der Notwendigkeit eines Vergleichs sämtlicher Wettbewerbsbedingungen, die der Staat durch Steuern, Subventionen, Soziallasten, sowie durch Wettbewerbsregeln setzt. Der Auftrag zu dieser Untersuchung lautet jedoch, die Beeinflussung des Wettbewerbs in der Energiewirtschaft durch die Besteuerung festzustellen. Hierbei soll unter Besteuerung nur diejenige verstanden werden, die auf der in der Bundesrepublik Deutschland geltenden Steuergesetzgebung beruht. Objekt der Untersuchung sind Steinkohle und Rohöl bzw. Steinkohle und Heizöl, wobei bei der Steinkohle die Untersuchung bei der Gewinnung einsetzt, desgleichen bei der deutschen Erdölgewinnung, beim importierten Rohöl jedoch bei der Verarbeitung. Damit wird die Abgrenzung innerhalb der Gesamtproblematik gegeben. Es soll die Wirkung der Besteuerung isoliert betrachtet werden, d. h. ohne Rücksicht auf die staatlichen Wettbewerbsregeln, auf die Soziallasten und auf die Wiederverausgabung der Steuereinnahmen durch den Staat. Aus dieser Begrenzung ergibt sich für die Untersuchung eine weitere Grenze. Sie kann nicht die Wirkung der Besteuerung auf volkswirtschaftliche Gesamtgrößen wie Volkseinkommen, Gesamtinvestitionen u. a. behandeln, sondern hat sich zu beschränken auf die Feststellungen der Steuereinwirkungen bei Steinkohle und Öl, die ihren Niederschlag in Wettbewerbsverzerrungen finden, die ihrerseits wieder als Veränderungen der Gewinndaten und in ihrem Gefolge der wirtschaftlichen Lage dieser beiden Wirtschaftsgruppen in Erscheinung treten. Es werden daher im wesentlichen nur Fragen behandelt, die für Steinkohle und Öl allein von grundsätzlicher Bedeutung sind. Steuerliche Probleme von allgemeiner Gültigkeit werden als solche nicht erörtert. Die Untersuchung lehnt für ihre Zwecke die Unterscheidung von direkten und indirekten Steuern und die mit ihr verbundene Überwälzungstheorie ab. Grundsätzlich ist in der Marktwirtschaft jede Steuer überwälzbar[1].

Die Untersuchung befaßt sich mit den einzelnen Steuern und ihren Wirkungen. Sie kann selbstverständlich hierbei nicht davon ausgehen, daß die Bedingungen eines Steuergesetzes für alle Teilnehmer am wirtschaftlichen Wettbewerb die gleichen sind. Eine exakte Gleichstellung aller steuerlichen Bedingungen läßt sich in der komplizierten modernen Wirtschaft und Gesellschaft auch durch eine noch so komplizierte Steuergesetzgebung nicht erreichen. Das gilt insbesondere, wenn scharfe Ermittlungsbestimmungen, hohe Tarife und subtile Verwaltungspraxis die Belastungseffekte vergrößern und dadurch die Mängel der Besteuerung in bestimmten Wirtschaftszweigen besonders deutlich zu Tage treten lassen.

Lehrreich ist in diesem Zusammenhang die Entwicklung der Besteuerung der Landwirtschaft, die durch ihre Sonderbehandlung in einer Anzahl Steuergesetze zu einem wesentlichen Teil des deutschen Agrarrechts geworden ist. Man könnte noch andere Beispiele bringen, mit denen versucht wird, der Unvollkommenheit der in Deutschland geltenden Steuergesetzgebung Rechnung zu tragen. Daß diese Unvollkommenheit weitgehend erkannt ist, beweist am besten der fast dreißigjährige Wunsch nach einer organischen Finanz- und Steuerreform in Deutschland. Es muß daher in einer Untersuchung wie dieser in erster Linie die Frage beantwortet werden, ob die einzelnen Steuergesetze dem Bergbau und der Mineralölwirtschaft gerecht werden, d. h. mit anderen Worten, ob und inwieweit die Wettbewerbsverzerrungen durch die Bestimmungen eines Steuergesetzes und ihre Handhabung hervorgerufen werden. Diese Frage ist bei der Kohle seit der Miquel'schen Steuerreform immer wieder diskutiert worden. Sie wurde durch Sondermaßnahmen, auch nicht steuerlicher Art, meist beantwortet. Ihr Gewicht wird aber immer größer seit der zunehmenden Substitution durch Erdöl und andere Energieträger.

Eine solche Prüfung der Steuergesetze erfordert eine quantitative Analyse sowie eine Normenanalyse. Sie muß sich auf alle in Frage kommenden Steuern von Gewicht erstrecken. Mit Rücksicht auf die Problematik der quantitativen Analyse unterscheidet die Untersuchung aus Zweckmäßigkeitsgründen zwischen Steuern, die vom Ertrag (Gewinn) der Unternehmen unabhängig sind und solchen, die von diesem abhängen.

---

[1] Mit dieser Frage hat sich das Institut „Finanzen und Steuern" in seiner Denkschrift „Grundlagen und Möglichkeiten einer organischen Finanz- und Steuerreform", Heft 30 der Schriftenreihe, Bd. 1, S. 62 ff. befaßt.

A. Der Einfluß der ertragsunabhängigen Steuern auf den Wettbewerb der Energieträger

I. Die erfaßten Steuern

Die Untersuchung erstreckt sich auf die ertragsunabhängigen Steuern, die für die Unternehmen des Steinkohlenbergbaus und der Mineralölindustrie Gewicht haben[2]. Es sind dies:

1. Steuern nach dem Vermögen und der Lohnsumme
   a) Vermögensteuer
   b) Gewerbekapitalsteuer
   c) Lastenausgleichsvermögensabgabe
   d) Gewerbelohnsummensteuer.

2. Verkehr- und Verbrauchsteuern
   a) Umsatzsteuer
   b) Mineralölsteuer
   c) Montanunionsumlage.

1. Steuern nach dem Vermögen und der Lohnsumme

a) Vermögensteuer

Die Vermögensteuer geht auf die preußische Ergänzungsabgabe von 1893 zurück. Sie wurde 1922 Reichssteuer. Ihr Aufkommen steht heute den Ländern zu. In den Steuersystemen des Auslands findet sich die Vermögensteuer nur in wenigen Fällen.

Der Vermögensteuer unterliegt das Vermögen der natürlichen und juristischen Personen. Juristische Personen, die ihre Geschäftsleitung oder ihren Sitz im Inland haben, sind mit ihrem in- und ausländischen Gesamtvermögen steuerpflichtig. Das Gesamtvermögen setzt sich aus dem landwirtschaftlichen Vermögen, dem Grundvermögen, dem Betriebsvermögen und dem sonstigen Vermögen zusammen. Zum Betriebsvermögen gehören alle Teile einer wirtschaftlichen Einheit, die dem Betrieb eines Gewerbes als Hauptzweck dienen, soweit die Wirtschaftsgüter dem Betriebsinhaber gehören.

---

[2] Steuern, die zahlenmäßig im Verhältnis zur Gesamtbelastung nicht ins Gewicht fallen, sind nicht behandelt. Das gilt z. B. für die Grundsteuer, die Kraftfahrzeugsteuer, die Beförderungsteuer, die Wechselsteuer, die Kapitalverkehrsteuer.

Der Steuersatz der Vermögensteuer beträgt heute grundsätzlich 1 vH des steuerpflichtigen Vermögens. Soweit dieses den Betrag der nach § 31 LAG festgesetzten Lastenausgleichsvermögensabgabeschuld des Steuerpflichtigen nicht übersteigt, gilt der ermäßigte Steuersatz von 0,75 vH. Dies ist vor allem für die Unternehmen des Bergbaus von Bedeutung, da sie nahezu sämtlich der Lastenausgleichsvermögensabgabe unterliegen.

Bei der Veranlagung zur Vermögensteuer ist das Gesamtvermögen der unbeschränkt Steuerpflichtigen mit dem Wert anzusetzen, der sich nach den §§ 73 bis 77 BewG ergibt. Nach dieser Bestimmung sind bei der Bewertung des Gesamtvermögens die Wirtschaftsgüter, für die ein Einheitswert festzustellen ist, mit den festgestellten Einheitswerten anzusetzen. Ein Einheitswert wird für alle Teile einer wirtschaftlichen Einheit gebildet, die einem gewerblichen Betrieb als Hauptzweck dienen, soweit die Wirtschaftsgüter dem Betriebsinhaber gehören. Für die Ermittlung der Einheitswerte im Steinkohlenbergbau und in der Mineralölwirtschaft sind folgende Sonderregelungen zu beachten.

Für den Bergbau:
die Richtlinien für die Einheitsbewertung der Steinkohlenbergwerke, eine unter dem Aktenzeichen S 3196 A—St IV am 15. 9. 1950 ergangene Verfügung der OFD Düsseldorf als Hauptort für die Einheitsbewertung der Steinkohlenbergwerke;
eine unter dem Aktenzeichen S 3196 A—St II 1 am 21. 5. 1954 ergangene Verfügung der OFD Düsseldorf als Hauptort für die Einheitsbewertung der Steinkohlenbergwerke zur Wertfortschreibung;
ein unter dem Aktenzeichen S 2500—3336 — VB — 3 am 12. 4. 1955 ergangener Erlaß des Finanzministers von Nordrhein-Westfalen (Rückstellungen für Bergschäden, Bewertung von Tagesschächten);
das sogenannte Düsseldorfer Abkommen, ein unter dem Aktenzeichen S 2500 — 503/V B — 3 am 20. 1. 1956 ergangener Erlaß des Finanzministers von Nordrhein-Westfalen (Durchschnittsbewertung der Strecken und Festwerte);
eine unter dem Aktenzeichen S 1505 B — 104/59 — KBp ergangene Rundverfügung der OFD Düsseldorf vom 5. 6. 1959 zur Änderung von Festwerten.

Für die Mineralölindustrie:
die Grundsätze für die Einheitsbewertung der Erdölindustrie, eine unter dem Aktenzeichen S 3194 — 21 — St 33 im Juni 1937 ergangene Verfügung der OFD Hannover als Hauptort für die Bewertung der Erdölindustrie;
die Erste Ergänzung der Grundsätze für die Einheitsbewertung der Erdölindustrie, eine am 6. 7. 1939 unter dem Aktenzeichen S 3194 — 21 — I 34 ergangene Verfügung der OFD Hannover als Hauptort für die Bewertung der Erdölindustrie.

b) Gewerbekapitalsteuer

Die Gewerbekapitalsteuer gehört zur Gewerbesteuer, die noch die Gewerbeertragsteuer und die (Gewerbe-)Lohnsummensteuer umfaßt, auf die noch besonders eingegangen wird. Für die Berechnung der Gewerbesteuer nach Gewerbeertrag und Gewerbekapital werden zunächst gesonderte Steuermeßbeträge für den Gewerbeertrag und das Gewerbekapital festgesetzt. Diese bilden die Grundlage für den einheitlichen Steuermeßbetrag, auf Grund dessen sodann die Steuer nach dem Hebesatz erhoben wird, den die hebungsberechtigte Gemeinde festsetzt.

Der Meßbetrag für die Steuer nach dem Gewerbekapital wird durch die Anwendung eines Tausendsatzes auf das Gewerbekapital ermittelt. Ausgangspunkt für die Berechnung des Gewerbekapitals ist der Einheitswert des gewerblichen Betriebes im Sinne des Bewertungsgesetzes. Damit haben die Bestimmungen des Bewertungsgesetzes auch für die Gewerbekapitalsteuer entscheidende Bedeutung. Es darf deshalb auf die oben bei der Vermögensteuer gemachten Ausführungen zum Bewertungsgesetz Bezug genommen werden. Der Einheitswert des gewerblichen Betriebes wird sodann vermehrt um die im § 12 GewStG aufgeführten Hinzurechnungen und vermindert um die dort genannten Abzüge. Alle diese Bestimmungen gelten in gleicher Weise für die Unternehmensbereiche Kohle und Öl. Für die Kohle besteht daneben als Sonderregelung eine Verfügung der OFD Düsseldorf vom 5. 11. 1954 — L 1422/L 1431 A St I 3 H —, die vorschreibt, daß die Bergschädenrückstellungen bei der Ermittlung des Gewerbekapitals dem Einheitswert hinzugerechnet werden.

c) Lastenausgleichsvermögensabgabe

Die Lastenausgleichsvermögensabgabe nach §§ 16 bis 90 LAG ist die bedeutendste der drei Abgaben des Lastenausgleichsgesetzes. Durch dieses Gesetz werden die Abgeltung von Schäden und Verlusten, die sich infolge der Vertreibungen und Zerstörungen der Kriegs- und Nachkriegszeit ergeben haben, sowie die Milderung von Härten, die infolge der Neuordnung des Geldwesens eingetreten sind (§ 1 LAG), geregelt.

Als Bemessungsgrundlage für die Lastenausgleichsvermögensabgabe dient das Vermögen zu Beginn des 21. 6. 1948, das nach den bei der Vermögensteuer (Hauptveranlagung 1949) für die Ermittlung des Gesamtvermögens maßgebenden Vorschriften errechnet worden ist (§ 21 LAG). Die Vermögensabgabe beträgt einheitlich 50 vH des abgabepflichtigen Vermögens (§ 31 LAG). Sie ist in Vierteljahresbeträgen in der Zeit vom 1. April 1952 bis 31. März 1979 zu entrichten (§§ 34, 35 LAG).

Die Lastenausgleichsvermögensabgabe wird wie eine Steuer behandelt (§ 203 Abs. 1 LAG). Sie erstreckt sich über eine Laufzeit von 27 Jahren und hat für die betroffenen Unternehmen ein erhebliches Gewicht. Bei der Beurteilung der Wettbewerbslage kann darum an dieser Abgabe nicht vorbeigegangen werden. Die Lastenausgleichsvermögensabgabe wird deshalb in die Untersuchung einbezogen.

d) Gewerbelohnsummensteuer

Die Gewerbelohnsummensteuer ist, wie bei der Darstellung der Gewerbekapitalsteuer bereits ausgeführt, ein Teil der Gewerbesteuer. Die Lohnsummensteuer wurde vom Gesetzgeber stets nur als eine zusätzliche Gewerbesteuer angesehen. Zunächst war sie in bestimmten Fällen als Ersatz für die Gewerbekapitalsteuer gedacht. Auch als nach 1936 die Erhebung von Gewerbekapitalsteuer und Lohnsummensteuer nebeneinander zugelassen wurde, blieb der zusätzliche Charakter der Lohnsummensteuer bestehen, da sie „nur ausnahmsweise beim Vorliegen besonderer Verhältnisse" erhoben werden sollte. Ihre Erhebung wurde von der Zustimmung der obersten Gemeindeaufsichtsbehörde abhängig gemacht. Die tatsächliche Entwicklung nahm jedoch in einzelnen Ländern einen völlig anderen Verlauf. Die Lohnsummensteuer ist heute von vielen Gemeinden zu einer selbständigen Steuer ausgebaut.

Besteuerungsgrundlage für die Lohnsummensteuer ist die Lohnsumme. Durch Anwendung eines Tausendsatzes auf die Lohnsumme wird ein Steuermeßbetrag festgesetzt, auf Grund dessen die Steuer nach dem jeweiligen Hebesatz erhoben wird.

2. Verkehr- und Verbrauchsteuern

a) Umsatzsteuer

Die Umsatzsteuer ist rechtlich eine Verkehrsteuer. Wirtschaftlich ist sie jedoch als allgemeine Verbrauchsteuer anzusehen, da sie nach dem Willen des Gesetzgebers im Wege der Überwälzung von den Verbrauchern getragen wird. Das Aufkommen der Umsatzsteuer steht dem Bund zu und bildet dessen bedeutendste Einnahmequelle.

Die umsatzsteuerbaren Vorgänge sind im § 1 UStG geregelt. Unter den Voraussetzungen dieser Vorschrift sind steuerbar
Lieferungen und sonstige Leistungen,
der Eigenverbrauch,
die Einfuhr von Gegenständen in das Inland.

Die Umsatzsteuer ist eine kumulative Allphasensteuer. Jeder Umsatz, der die Voraussetzungen des § 1 UStG erfüllt, ist steuerbar. Der gegenwärtige Steuersatz der Umsatzsteuer beträgt grundsätzlich 4 vH. Es gibt jedoch zahlreiche allgemeine Steuerbefreiungen und Steuerermäßigungen. Für den Kohlenbergbau und die Mineralölindustrie sind daneben eine Reihe besonderer Befreiungsvorschriften zu beachten. Es sind dies
im Bereich des Steinkohlenbergbaus:
die §§ 4 Ziff. 4 UStG, 29 Abs. 2 Ziff. 2 UStDB (Befreiung gewisser Großhandelslieferungen);
im Bereich der Mineralölwirtschaft:
die §§ 4 Ziff. 4 UStG, 29 Abs. 1 und Abs. 2 Ziff. 5, 30 Abs. 1 Ziff. 3 UStDB, 7 AStO, Freiliste 1 ZT Nr. 27, 99 (Befreiung gewisser Einfuhren, Lieferungen von den Raffinerien und Großhandelslieferungen).

b) *Mineralölsteuer*

Die Mineralölsteuer, die erstmals durch Art. 3 des Gesetzes über Zolländerungen vom 15. 4. 1930[3] eingeführt wurde, hatte ursprünglich den Zweck, die inländische Mineralölerzeugung zum Ausgleich für die hohe Zollbelastung, der die importierten Mineralöle durch den Finanz- und Schutzzoll der Tarifnr. 239 des alten Zolltarifs unterlagen, zu belasten; sie war also eine reine Ausgleichsteuer. Die weitere Entwicklung führte dann über das Mineralölsteuergesetz in der Fassung der Bekanntmachung vom 22. 3. 1939[4] und die hierzu ergangene „Verordnung über Zolländerungen und über Mineralölsteuer" vom 5. 9. 1939[5], über das Gesetz zur Änderung des Mineralölsteuergesetzes vom 19. 1. 1951[6] und die „Verordnung zur Anpassung von Verbrauchsteuergesetzen usw." vom 4. 8. 1952[7] zu dem Gesetz zur Neuregelung der Abgaben von Mineralöl vom 23. 4. 1953[8], dem sogen. „Neuregelungsgesetz". Zweck dieses Gesetzes, durch das den strukturellen Wandlungen in der Mineralölversorgung der Bundesrepublik nach dem Kriege Rechnung getragen werden sollte, war nach der amtlichen Begründung[9] eine „Neuverteilung von Mineralölzoll und Mineralölsteuer ohne Änderung des Haushaltsaufkommens", wobei dem Mineralölzoll reiner Schutzzollcharakter, der Mineralölsteuer reiner Finanzcharakter gegeben werden sollte[10].

In der Folgezeit ist die Regelung des Jahres 1953 zwar wiederholt geändert worden, ihre grundlegende Konzeption wurde jedoch bisher beibehalten. Wichtige Änderungen, insbesondere durch Erhöhung der Steuersätze, brachten u. a. das Verkehrsfinanzgesetz vom 6. 4. 1955[11] und das Straßenbaufinanzierungsgesetz vom 28. 3. 1960[12]. Die letzte und für die hier interessierende Fragestellung bedeutsamste Änderung brachte jedoch das „Gesetz zur Änderung des Mineralölsteuergesetzes" vom 26. 4. 1960[13], durch das ab 1. 5. 1960 und unter Befristung bis zum 30. 4. 1963 leichtes Heizöl einer Heizölsteuer von DM 1,— je 100 kg und schweres Heizöl einer solchen von DM 2,50 je 100 kg unterworfen wurde.

Die in ihrer historischen Entwicklung dargestellte enge Verbindung zwischen Mineralölsteuer und Mineralölzoll besteht wegen der Ausgleichsmöglichkeiten nach wie vor weiter. Darüber hinaus ist die Verbindung auch heute noch dadurch gegeben, daß die Abgrenzung der ab-

---

[3] RGBl. I S. 131.
[4] RGBl. I S. 566.
[5] RGBl. I S. 1687.
[6] BGBl. I S. 73.
[7] BGBl. I S. 589.
[8] BGBl. I S. 149.
[9] Deutscher Bundestag, 1. Wahlperiode, Drucksache 3803.
[10] Deutscher Bundestag, 1. Wahlperiode, Drucksache 3803, S. 9.
[11] BGBl. I S. 166.
[12] BGBl. I S. 201.
[13] BGBl. I S. 241.

gabepflichtigen Waren sowohl für den Zoll wie für die Steuer sich nach den Begriffsbestimmungen des Zolltarifs richtet. Außerdem sind aber auch die Bestimungen über die Zollrückvergütung nach wie vor weitgehend abhängig von der steuerbegünstigten Verwendung im Rahmen eines Zollsicherungsverkehrs.

Abschließend sei noch auf den EWG-Vertrag hingewiesen. Nach dem ihm beigefügten „Protokoll über die Mineralöle und einige Mineralölerzeugnisse", ist der Wegfall des Rohölzolls, der gegenwärtig DM 12,50 für 100 kg Eigengewicht beträgt, für den 1. 1. 1964 vorgesehen, während der Außentarif für Erdölerzeugnisse noch durch Verhandlungen festgesetzt werden soll.

c) Montanunionsumlage

Die Montanunionsumlage wird von der Hohen Behörde der Montanunion zur Finanzierung der ihr übertragenen Aufgaben auf Grund der Artikel 49 und 50 des Vertrages über die Gründung der Europäischen Gemeinschaft für Kohle und Stahl erhoben. Die Umlage richtet sich nach dem Erzeugungswert der Produktion und wird zur Zeit mit einem Satz von 0,35 vH angesetzt. Aufbringungspflichtig sind die Unternehmen der Montanindustrie, zu denen der Steinkohlenbergbau gehört. Für den Steinkohlenbergbau stellt die Montanunionsumlage daher eine Belastung dar, die ihrer Art nach der Belastung mit den sonstigen ertragsunabhängigen Steuern gleicht.

II. Quantitative Analyse der Belastung mit ertragsunabhängigen Steuern

Die in diesem Abschnitt getroffenen Feststellungen tatsächlicher Art sind zu einem erheblichen Teil vertraulich. Auf ihre Wiedergabe wird sowohl aus diesem Grunde verzichtet als auch deshalb, weil die Aussagekraft der Feststellungen im Ergebnis verneint wird.

III. Normenrechtliche Analyse der ertragsunabhängigen Steuern

Die normenrechtliche Analyse prüft, wieweit die Vorschriften der einzelnen Steuergesetze und der Durchführungsbestimmungen sowie die Verwaltungspraxis und die Rechtsprechung den Besonderheiten der im Wettbewerb stehenden Energieerzeuger oder einzelner ihrer Wirtschaftsstufen gerecht werden, um so Vergleichsmöglichkeiten zu gewinnen, die Änderungsvorschläge erforderlich machen könnten. Dabei werden vor allem auch die Wechselwirkungen der einzelnen Steuern und ihre Stellung im Steuersystem beachtet. Dem Rahmen dieses Gutachtens entsprechend kann eine solche normenrechtliche Analyse nur in großen Zügen vorgenommen werden. Soweit die Prüfungen nicht zur Feststellung von Besonderheiten geführt haben, werden nur die Ergebnisse der Überlegungen wiedergegeben.

1. Die ertragsunabhängigen Steuern im Steinkohlenbergbau

a) Vorbemerkung

Die normenrechtliche Analyse ergibt im Steinkohlenbergbau für die Bereiche *Kohleverarbeitung* (Kokerei einschließlich Kohlenwertstoffbetriebe und deren Hilfsbetriebe, Brikettfabrik)[14] und *Vertrieb* (Handel) auf den Gebieten der Steuern nach dem Vermögen und der Lohnsumme keine Besonderheiten. Bei den Betrieben der Kohleverarbeitung handelt es sich um Industriebetriebe. Die Anwendung der Gesetze über die Steuern nach dem Vermögen und der Lohnsumme führt zu keinen besonderen Verzerrungen. Entsprechendes gilt für den Handel. Besonderer Erörterung bedarf dagegen der Bereich der *Kohlegewinnung* (Grubenbetrieb und seine Hilfsbetriebe). Die hier bei den Steuern nach dem Vermögen und der Lohnsumme auftauchenden Fragen werden im folgenden unter b) dargestellt. Auch auf dem Gebiet der Verkehr- und Verbrauchsteuern (hier Umsatzsteuer) ergeben sich Probleme. Sie berühren alle Bereiche des Steinkohlenbergbaus. Die Erörterung folgt unter c).

b) Steuern nach dem Vermögen und der Lohnsumme (nur Kohlegewinnung)

Die Kohlegewinnung wird als Gewerbebetrieb behandelt. Es ergeben sich bei ihr jedoch bergbautypische Besonderheiten, die auch der Steuergesetzgeber nicht verkennt, indem er z. B. im EStG vom Gewerbebetrieb einschließlich des Bergbaus spricht.

Die Besonderheiten sind einmal natürlicher und wirtschaftlicher Art, vor allem:
der fortschreitende Substanzabbau, der zu immer höheren Investitionen zwingt, ohne daß dadurch eine Werterhöhung der Bergwerke eintritt;
die Abhängigkeit von den geologischen Verhältnissen, die zu erheblichen Investitionen führen kann (z. B. Deckgebirgsmächtigkeit);
die Standortgebundenheit der Bergwerke mit den daraus folgenden Belastungen;
besondere bergmännische Risiken, die über das normale Unternehmerrisiko in der übrigen Wirtschaft weit hinausgehen (Gefahr von Fehlaufschlüssen ganzer Gruben infolge der Schwierigkeit der Vorausschätzung des Vorkommens, falsche Anlage von Hohlräumen infolge Unübersehbarkeit der geologischen Verhältnisse, ungewisse Lebensdauer der Untertageanlagen infolge natürlicher Gefahren wie Grubenbrände, Explosionen, Wasser- und Laugeneinbrüche, Arbeitsunterbrechungen infolge von Katastrophen, geringe Möglichkeiten der Realisierung von Restwerten bei der Stillegung von Gruben);
hoher Unterhaltungsaufwand zum Ausgleich des ständigen Gebirgsdrucks und der Wasserzuflüsse;
lange Bauzeiten für die Errichtung bergbaulicher Anlagen und damit

---

[14] Nach dem Auftrag hat sich die Untersuchung nicht auf die Kraftwerke erstreckt.

langes Brachliegen umfangreicher Streckennetze und sonstiger Betriebsanlagen bis zur eigentlichen betrieblichen Nutzung;
die begrenzte Fähigkeit zur Anpassung an die Nachfrage;
Schwierigkeiten bei der Finanzierung bergbaulicher Anlagen, Verbot der Beleihung von Untertageinvestitionen für Sozialversicherungsträger, Versicherungsgesellschaften, Bausparkassen und Hypothekenbanken (§ 27 a RVO, §69 Abs. 3 VAG, §12 Abs. 3 HypbankG);
das starke Zusammentreffen von Kapital- und Lohnintensität, das in einem solchen Ausmaß sonst nirgends anzutreffen ist.

Aus dieser natürlichen und wirtschaftlichen Stellung des Bergbaus hat sich im Laufe der Jahrhunderte weiter seine besondere rechtliche Stellung entwickelt, die in den landesrechtlichen Berggesetzen ihren Niederschlag gefunden hat. Hier finden sich bergrechtliche Wertungen, die ein funktionell abgegrenztes Rechtsgebiet geschaffen haben. Es seien in diesem Zusammenhang die Grundgedanken des so entstandenen Sonderrechts genannt; Bergbaufreiheit, Inspektionsprinzip und Interessenausgleich.

Aus diesen entwickeln sich die Sondervorschriften über die Pflichten der Unternehmen aus Bergschäden und zugunsten der Wasserwirtschaft sowie die öffentlich-rechtlichen Beschränkungen wie Maßnahmen zum Schutz der Oberfläche oder zur Verhinderung gemeinschädlicher Einwirkungen.

Die kurz umrissenen natürlichen, wirtschaftlichen und rechtlichen Besonderheiten stellen für die Betriebe der Kohlegewinnung eine starke Belastung dar. Bei den folgenden Untersuchungen über die Einzelsteuern wird sie zu beachten sein.

aa) Auf dem Gebiet der *Vermögensteuer* soll zu der aktuellen Frage, ob diese Steuer heute noch eine Berechtigung hat, nicht Stellung genommen werden. Auch von einer Erörterung des Steuersatzes wird abgesehen, da es sich in beiden Fällen um allgemeine Fragen handelt. Einer genauen Untersuchung bedarf dagegen die der Vermögensteuer zugrunde liegende Bewertung.

Rechtsgrundlage für die Bewertung (Einheitsbewertung) der Betriebe der Steinkohlengewinnung sind neben den für alle Steuerpflichtigen geltenden Bestimmungen (insbesondere BewG und BewDV) die folgenden, oben bereits näher bezeichneten Sonderregelungen[15]:
die Richtlinien für die Einheitsbewertung der Steinkohlenbergwerke (OFD Düsseldorf) vom 15. 9. 1950;
die Verfügung der OFD Düsseldorf vom 21. 5. 1954 zur Wertfortschreibung;
der Erlaß des Finanzministers von Nordrhein-Westfalen vom 12. 4. 1955 zur Bewertung der Bergschädenrückstellungen und Tagesschächte;
das Düsseldorfer Abkommen (Finanzminister von Nordrhein-Westfalen vom 20. 1. 1956);
die Rundverfügung der OFD Düsseldorf vom 5. 6. 1959 zur Änderung von Festwerten.

---
[15] Vgl. Abschnitt A. I. 1. a).

(1) Nach *geltendem Recht* sind bei der Einheitsbewertung die Betriebsgrundstücke und Gewerbeberechtigungen mit dem gemeinen Wert, die übrigen Wirtschaftsgüter mit dem Teilwert anzusetzen. Für die bergbautypischen Wirtschaftsgüter ergibt sich dabei folgendes:

Das *Mineralgewinnungsrecht* wird als Gewerbeberechtigung behandelt. Es ist demzufolge mit dem gemeinen Wert anzusetzen. Die Ermittlung des gemeinen Werts erfolgt nach der Mengenformel.

Bei der Mengenformel wird die markscheiderisch festgestellte Mineralmenge mit einem Einheitssatz pro Tonne vervielfältigt. Hieraus ergibt sich der Substanzwert in DM. Eine Staffelung des Wertansatzes nach dem voraussichtlichen Abbauzeitpunkt erfolgt bei der Mengenformel nicht. Die nicht aufgeschlossenen (unverritzten) Felder werden entweder nach dem „Relativverfahren" (Ableitung der Werte von einem Normalfeld in der Mitte des Bezirks) bewertet oder mit Erinnerungswerten angesetzt. Mineralgewinnungsrechte für endgültig stillgelegte Felder werden nicht bewertet.

Bei der Ermittlung der Teilwerte des *Anlagevermögens unter Tage* ist zu unterscheiden zwischen
den Schächten,
den Strecken und sonstigen Grubenbauen,
der Betriebsausstattung unter Tage und
den Maschinen unter Tage.

Die Schächte werden mit dem Teilwert angesetzt. Bei seiner Ermittlung wird von den Anschaffungs- oder Herstellungskosten abzüglich Abschreibungen ausgegangen, wobei von der sohlenweisen Abschreibung nach dem Düsseldorfer Abkommen Gebrauch gemacht werden kann (Abschreibung eines Schachtabschnitts nach der Zeit des Abbaus einer Sohle). Bei voll ausgenutzten Schächten sind Restwerte bis zum Auslaufen der Anlage anzuhalten. Wegen der Preissteigerungen werden Zuschläge zu den so ermittelten Werten gemacht.

Die Strecken und sonstigen Grubenbaue werden ebenfalls mit dem Teilwert angesetzt. Die sich nach dem Düsseldorfer Abkommen ergebenden ertragsteuerlichen Werte (Aktivierung der Herstellungskosten, soweit sie auf den durchschnittlichen Ausbau des Ruhrreviers entfallen) gelten auch für die Vermögensteuer.

Auch bei der Betriebsausstattung unter Tage gelten die Festwerte des Düsseldorfer Abkommens als Teilwerte.

Die Teilwertermittlung der Maschinen unter Tage bietet keine Besonderheiten.

(2) Die *Kritik* an der z. Z. geltenden Bewertung des *Mineralgewinnungsrechts* richtet sich vor allem gegen die fehlende Berücksichtigung des Abbauzeitpunkts.

Eine Bewertung aller anstehenden Mineralien für aufgeschlossene Felder mit gleichen Sätzen wäre an sich nur vertretbar, wenn diese Mineralien zum gleichen Zeitpunkt gefördert werden könnten. Da das nicht möglich ist, müßte eine Abzinsung auf den voraussichtlichen Abbauzeitpunkt oder eine Staffelung der Tonnensätze, zumindest aber eine Berücksichtigung des Zeitablaufs bei der allgemeinen Festsetzung der Tonnensätze erfolgen. Solange sich die Tonnensätze in angemessenen Grenzen halten, bleibt der Mangel einer Abzinsung allerdings erträglich.

Die Frage, ob es berechtigt ist, bei der Ermittlung der Teilwerte der Wirtschaftsgüter des *Anlagevermögens unter Tage* von den Anschaffungskosten auszugehen, hat der RFH in der sog. Constantin-Entscheidung[16] bejaht. Er hat sich dabei vor allem darauf berufen, daß der Erwerber eines Bergwerks den Betrag für das Weiterabteufen eines Schachtes weniger zahlen würde, wenn diese Anlage nicht vorhanden wäre und daß eine Weiterabteufung außerdem die Kapazität des Betriebes erhöhe. Wir halten diese Argumente nicht für überzeugend. Einmal wird der Käufer eines Bergwerks sein Augenmerk nicht in erster Linie darauf richten, welche Anlagen vorhanden und welche Anlagen nicht vorhanden sind, sondern er wird vor allem Vergleiche zu anderen Bergwerken ziehen, in denen der Abbau nicht soweit fortgeschritten ist. Zum anderen werden Untertageinvestitionen überwiegend nicht vorgenommen, um eine Kapazitätsausweitung zu erreichen. Vielmehr werden der Einsatz und die Höhe der investierten Mittel vor allem durch die geologischen Verhältnisse bestimmt. Je ungünstiger die geologischen Verhältnisses sind, desto mehr muß investiert werden. Darum ist das Bergwerk, daß in ungünstigen geologischen Verhältnissen arbeitet, nicht wertvoller als ein Bergwerk, das unter leichteren Bedingungen fördert. Vielmehr steht hier die Höhe der Investitionen gerade im umgekehrten Verhältnis zum Wert des Bergwerks. Diese Umkehrung des Verhältnisses von Investitionen zum Wert gilt ebenfalls hinsichtlich der Ausdehnung der Anlagen unter Tage. Der Einsatz der Mittel wird zum anderen weitgehend durch den Substanzabbau bestimmt.

In dem Maße, wie die Kohlesubstanz abgebaut wird, müssen die Gewinnungsstätten ständig verlagert und in horizontaler und vertikaler Richtung erweitert werden. Ein Bergwerk, das seine Substanz bereits teilweise abgebaut hat und dessen Untertageanlagen zur Aufrechterhaltung der Förderung erweitert worden sind, ist nicht mehr wert, als ein Bergwerk, das am Anfang seiner Förderung steht und in dem erst ein Teil der erforderlichen Mittel investiert ist. Das wird besonders deutlich, wenn man sich vergegenwärtigt, daß die Investitionen für Untertage-

---

[16] Unveröffentlichter Vorbescheid in der Einheitswertsache der Gewerkschaft Constantin vom 8. 12. 1938 III 73/38.

anlagen in einem Bergwerk ihr größtes Ausmaß in der Regel dann erreicht haben, wenn die Substanz erschöpft und das Bergwerk damit wertlos ist. Wir halten es aus diesen Gründen für verfehlt, die Teilwerte der Wirtschaftsgüter des Anlagevermögens unter Tage auf der Grundlage der Anschaffungs- oder Herstellungskosten zu ermitteln. Auf der anderen Seite macht es das Stichtagsprinzip der Einheitsbewertung jedoch notwendig, bestimmte Teilwerte anzusetzen. Bei ihrer Ermittlung müßten den soeben erörterten Gesichtspunkten und auch den weiteren wertmindernden Faktoren Rechnung getragen werden, die oben[17] aufgezeigt wurden. Das könnte in der Form geschehen, daß in den Fällen, in denen bereits Einheitswerte bestehen, bei der Ermittlung der Teilwerte Abschläge vorgenommen werden. Diese Abschläge müßten sich nach den jeweiligen betrieblichen Besonderheiten und den Verhältnissen der Lagerstätte richten. Wird in den Fällen, in denen noch keine Einheitswerte festgestellt sind, zur Ermittlung der Teilwerte weiterhin von den Anschaffungs- oder Herstellungskosten ausgegangen, so müßten hier in gleicher Weise Abschläge vorgenommen werden. Durch derartige Abschläge würde auch die Kumulationswirkung abgeschwächt, die bei den Betrieben der Kohlegewinnung durch das Zusammentreffen der Steuern nach dem Vermögen und der Lohnsumme eintreten.

bb) Der Meßbetrag für die *Gewerbekapitalsteuer* wird durch die Anwendung eines Tausendsatzes auf das Gewerbekapital ermittelt. Als Gewerbekapital gilt nach § 12 Abs. 1 GewStG der Einheitswert des gewerblichen Betriebes i. S. des Bewertungsgesetzes, vermehrt um die in § 12 GewStG aufgeführten Hinzurechnungen und vermindert um die dort genannten Abzüge. Wegen dieser Verknüpfung des Gewerbekapitals mit dem Einheitswert wirken sich die im Abschnitt „Vermögensteuer" gemachten Vorschläge für die Ermittlung der Einheitswerte der Betriebe der Kohlegewinnung auch auf die Gewerbekapitalsteuer aus. Insoweit kann auf die dort getroffenen Feststellungen Bezug genommen werden.

Ein besonderes Problem ergibt sich für die Betrieb der Kohlegewinnung jedoch im Rahmen der Hinzurechnungen für Dauerschulden nach § 12 Abs. 2 Ziff. 1 GewStG. Nach der Verfügung der OFD Düsseldorf vom 5. 11. 1954 — L 1422 u. L 1431 A — SA I 3 H werden bei den Betrieben der Kohlegewinnung die Rückstellungen für bereits entstandene Bergschäden als Dauerschulden behandelt, sofern die Beseitigung des Schadens länger als ein Jahr hinausgeschoben wird.

Nach unserer Meinung widerspricht diese Handhabung dem Wesen des Bergschadens, dessen Natur der Ausgangspunkt für eine sachgerechte Lösung des Problems sein muß. Bergschäden entstehen, weil die

---
[17] Vgl. Einleitung zu Abschnitt A. III. 1. b) „Steuern nach dem Vermögen und der Lohnsumme".

Erdoberfläche durch Abbauhandlungen in Bewegung gerät oder weil der Bergbau in den Wasserhaushalt eingreift. Die Erfüllung der entstandenen Bergschädenansprüche muß aber häufig aus den verschiedensten Gründen länger als ein Jahr aufgeschoben werden. Oft muß erst das Ende der Abbauhandlungen abgewartet werden, um das Ausmaß der Schäden übersehen und die zweckmäßigste Art der Beseitigung auswählen zu können. Es kann auch vorkommen, daß sich die Wirkungen von Abbauhandlungen ausgleichen (z. B. beim spannungslosen Absenken der Erdoberfläche), so daß im Endergebnis kein Schaden entsteht. In diesen Fällen hat das Reichsgericht die notwendige Konsequenz aus den bergbaulichen Eigenarten gezogen, indem es die Erfüllbarkeit der Ansprüche auf Schadensbeseitigung unter Anwendung von Treu und Glauben aufschob[18]. Wenn der zivilrechtliche Ersatzanspruch zunächst nicht erfüllt werden kann, weil der Umfang des Schadens in seiner endgültigen Höhe nicht feststellbar ist, so darf auch das Steuerrecht an dieser Tatsache nicht vorbeigehen.

Eine weitere Ursache für die Aufschiebung der Regulierung kann sich daraus ergeben, daß der Geschädigte selbst sie im eigenen Interesse verzögert.

Wenn Abbauhandlungen z. B. unter Verkehrseinrichtungen vorgenommen werden, so kann der Verkehr nicht jedes Jahr von neuem stillgelegt werden, sondern es müssen zweckmäßigerweise längere Zeiträume bis zur Durchführung der notwendigen Arbeiten abgewartet werden.

Alle diese Tatbestände dienen nur als Beispiele für eine große Zahl von Fällen, in denen es technisch und wirtschaftlich verfehlt wäre, eine Schadensbeseitigung schon frühzeitig vorzunehmen. Sie zeigen, daß die Erfüllung entstandener Bergschadensansprüche häufig aus Gründen länger als ein Jahr dauert, auf die die Gewinnungsbetriebe keinen Einfluß haben. Deswegen erscheint es verfehlt, Bergschädenrückstellungen als Dauerschulden zu behandeln. Sie sind ihrem Charakter nach vielmehr laufende Verbindlichkeiten, die durch die laufenden regelmäßig wiederkehrenden Abbauhandlungen entstehen. Sie sind den einzelnen Wirtschaftsjahren zuzurechnen und aus den laufenden Erträgen zu decken.

cc) Die *Lastenausgleichsvermögensabgabe* stellt für die Gewinnungsbetriebe des Steinkohlenbergbaus eine außerordentlich starke Belastung dar; sie betrug im Jahre 1959 mehr als dreimal soviel wie die Vermögensteuer.[19] Diese Höhe der Belastung hat ihre Ursache einmal in den hohen Anlagewerten der Gewinnungsbetriebe, wobei zudem die Schächte, Strecken und sonstigen Grubenbaue nach § 18 DMBG mit den Werten von 1948/49 zur Vermögensabgabe herangezogen werden, während für

---

[18] Urteile vom 24. 2. 1937, ZfB 78, S. 407 (410) und vom 29. 9. 1938, ZfB 79, S. 427.
[19] Die festgestellten Zahlen unterliegen der Geheimhaltungspflicht; vgl. Abschnitt A, II.

Grundstücke zum Beispiel die Einheitswerte vom 1. 1. 1935 maßgebend sind. Die Höhe der Belastung beruht weiter auf dem hohen Vierteljahrssatz der Abgabe für den Bergbau. Vierteljahrssätze der Lastenausgleichsvermögensabgabe sind nach einer angenommenen Leistungsfähigkeit mit Prozentsätzen von 1,1 vH bis 1,7 vH festgesetzt worden. Der Satz für den Bergbau beträgt wie bei der übrigen Industrie 1,7 vH und liegt damit an der oberen Grenze.

In der Einleitung des Abschnitts „Steuern nach dem Vermögen und der Lohnsumme"[20] wurde aufgezeigt, daß sich im Bereich der Kohlegewinnung gegenüber dem normalen Industriebetrieb zahlreiche Abweichungen ergeben, wie, um nur einige erneut zu nennen, der fortschreitende Substanzabbau, die Abhängigkeit von den geologischen Verhältnissen, die besonderen bergmännischen Risiken, der hohe Unterhaltungsaufwand und die langen Bauzeiten. Alle diese Faktoren führen zu einer Verminderung des Wertes der Untertageanlagen. Sie sind zugleich ursächlich für die verhältnismäßig geringfügige Ertragskraft der Gewinnungsbetriebe des Steinkohlenbergbaus. Sie sollten deshalb auch auf dem Gebiet des Lastenausgleichs Berücksichtigung finden.

Darüber hinaus ist die Wettbewerbslage in internationaler Sicht von großer Bedeutung, da die Kohlegewinnungsunternehmen des Auslands einer vergleichbaren Abgabe nicht unterworfen sind. Das Aufkommen aus dem Lastenausgleich ist schließlich in einem unvorhergesehenen Maße gestiegen. Es erscheint darum gerechtfertigt, für die Gewinnungsbetriebe des Steinkohlenbergbaus den Vierteljahrssatz neu festzusetzen. Dies könnte etwa in Anlehnung an den für land- und forstwirtschaftliche Betriebe geltenden Satz von 1,1 vH geschehen.

Besondere Härten ergeben sich für die Gewinnungsbetriebe des Steinkohlenbergbaus ferner, wenn im Zuge der Anpassung an veränderte Marktverhältnisse Stillegungen vorgenommen werden. Dann muß die Vermögensabgabe auch für den stillgelegten Teil des Bergwerks weiter gezahlt werden, obwohl dieser Teil keine Erträge mehr abwirft. Ein Erlaß aus Billigkeitsgründen ist im allgemeinen nur möglich, wenn gegenüber dem Stichtagsvermögen ein Verlust von mehr als 40 vH eingetreten ist.[21] Ein derartiger Vermögensverlust wird durch Stillegung nur in Ausnahmefällen erreicht, weil das Vermögen des stillgelegten Teiles mit dem Vermögen des Gesamtunternehmens (nicht nur des Gewinnungsbetriebes) am Stichtag verglichen wird.

Diesen Härten könnte dadurch abgeholfen werden, daß auf der Grundlage des § 203 Abs. 5 LAG eine Verwaltungsanordnung über den Erlaß der Vermögensabgabe im Falle von Stillegung ergeht.

---
[20] Vgl. Abschnitt A. III. 1. b).
[21] s. hierzu die Verwaltungsanordnung vom 19. 7. 1954, BStBl. 1954 I S. 380 und den Erlaß vom 21. 1. 1957, BStBl. 1957 I S. 126, 590.

dd) Das Aufkommen aus der *Gewerbelohnsummensteuer* im gesamten Bundesgebiet hat im Jahre 1959 613,7 Mill. DM betragen[22]. Davon wurde nahezu 10 vH von den Grubenbetrieben der in dieser Untersuchung erfaßten 47 Unternehmen des Steinkohlenbergbaus aufgebracht[23]. Aus diesen Zahlen wird ersichtlich, wie stark die lohnintensiven Gewinnungsbetriebe des Steinkohlenbergbaus durch die Lohnsummensteuer belastet sind. Ein Vergleich der Lohnsummensteuerbelastung mit der Belastung durch die beiden anderen Arten der Gewerbesteuer (Gewerbeertragsteuer und Gewerbekapitalsteuer[24]) ergibt, daß über 50 vH des Aufkommens der Gewerbesteuer bei den Gewinnungsbetrieben des Steinkohlenbergbaus auf die Lohnsummensteuer entfallen. Die Wirkung dieser Belastung wird durch das Zusammentreffen mit der hohen Belastung durch die Steuern nach dem Vermögen besonders verstärkt[25].

Das Institut hat sich mit den Versuchen, die Lohnsummensteuer theoretisch zu begründen, schon mehrfach auseinandergesetzt[26]. Hierbei ist es zu dem Ergebnis gekommen, daß die Lohnsummensteuer finanzwissenschaftlich und rechtssystematisch nicht zu rechtfertigen ist. Die Lohnsummensteuer wird unabhängig von der Leistungsfähigkeit erhoben und nimmt keine Rücksicht auf die Ertragslage und die Ertragsfähigkeit der Unternehmen. Sie führt zu einer nicht gerechtfertigten Mehrbelastung lohnintensiver Betriebe und wirkt darüber hinaus krisenverschärfend, weil sie gerade in wirtschaftlich schlechten Zeiten den Unternehmer zur Freisetzung von Arbeitskräften anregt. Deswegen ist der Ausnahmecharakter der Lohnsummensteuer auch immer betont worden[27].

Das Institut setzt sich daher für eine Abschaffung bzw. Einschränkung der Lohnsummensteuer ein. Dies ist zwar ein allgemeines Anliegen. Es gewinnt im Rahmen der Untersuchungen über Wettbewerbsverzerrungen auf dem Energiemarkt wegen der hohen Belastung der Gewinnungsbetriebe des Steinkohlenbergbaus durch die Lohnsummensteuer aber für dieses Teilgebiet der Wirtschaft besondere Bedeutung. Es wird nicht verkannt, daß eine Abschaffung oder Einschränkung der Lohnsummensteuer bei einer Reihe von Gemeinden zu Ausfällen führen wird, die diese Gemeinden selbst nicht tragen können. Hier müßte durch erhöhte Zuweisungen im Finanzausgleich geholfen werden.

---

[22] *Quelle:* „Die Einnahmen der Gemeinden und Gemeindeverbände aus Steuern, Finanzzuweisungen und Umlagen in den Monaten Januar bis März 1960 und im RJ. 1959", Statistische Berichte, herausgegeben vom Statistischen Bundesamt, Arbeits-Nr. VII — 41 — 37 vom 7. 7. 1960.
[23] Vgl. Fußnote 19.
[24] Vgl. Fußnote 19.
[25] Vgl. Fußnote 19.
[26] Insbesondere in „Reform der Gewerbesteuer — Lohnsummensteuer —", Heft 36 der Schriftenreihe, Band 2.
[27] z. B.: „Haushaltführung der Gemeinden und Gemeindeverbände im Rechnungsjahr 1960" — Gem. RdErl. d. Innenministers — III B 5/11 — 1918/59 und des Finanzministers — I A 3 Tgb.Nr. 24 036/59 vom 18. 12. 1959 im MinBl. NRW 1959 S. 4008.

c) *Verkehr- und Verbrauchsteuern*

Da der Steinkohlenbergbau der Mineralölsteuer nicht unterliegt, kommt nur eine Erörterung der Umsatzsteuer und der Montanunionsumlage in Betracht.

aa) Die Probleme der *Umsatzsteuer* berühren alle Bereiche des Steinkohlenbergbaus. Sie lassen sich nicht auf die Kohlegewinnung, die Kohleveredlung oder den Kohlevertrieb aufgliedern, da die Frage, welchen Bereich die Umsatzsteuer belastet, je nach der Unternehmensorganisation verschieden zu beantworten ist.

Eine vergleichende Gegenüberstellung der Umsatzsteuersätze für Kohle und Heizöl ergibt folgendes Bild (siehe Tabelle auf S. 26).

Diese Aufstellung zeigt, daß Kohle, Koks und Briketts auf ihrem Weg zum Endverbraucher einer einmaligen Umsatzsteuerbelastung unterliegen, wenn der Endverbraucher ein gewerblicher Verbraucher ist oder wenn ein privater Verbraucher unmittelbar vom Erzeuger beliefert wird. In allen übrigen Fällen werden die Umsätze von Kohle, Koks und Briketts zweimal der Umsatzsteuer unterworfen, ehe diese Energieträger den Verbraucher erreichen.

Die aufgezeigte Belastung der Kohle mit Umsatzsteuer ist bedenklich, da der Bergbau ebenso ein Wirtschaftszweig der „Urproduktion" ist, wie die Landwirtschaft und die Forstwirtschaft. Gleich diesen ist er zu einem wesentlichen Teil durch das Nutzbarmachen von Bodenschätzen gekennzeichnet, die vorher wirtschaftlich nicht verwertbar waren. Land- und Forstwirtschaft genießen aber weitgehend Umsatzsteuerbefreiung oder Umsatzsteuerermäßigung. Für die Erzeugnisse des Kohlenbergbaus wurde bei den Beratungen des Gesetzes im Jahre 1918 deshalb ebenfalls gefordert, eine Sonderregelung zu treffen und die Kohle von der seinerzeit vorgesehenen Erhöhung der Umsatzsteuer frei zu lassen[28]. Der Antrag wurde dann mit Rücksicht auf den Steuerausfall und im Hinblick auf die Gefahr abgelehnt, daß seine Annahme zu einer Ausweitung der Sonderregelungen führen könnte. Gerade diesem Argument läßt sich jedoch entgegenhalten, daß man die Ausnahmen auf ähnlich gelagerte Verhältnisse beschränken kann, nämlich auf die Wirtschaftszweige der Urproduktion. Auch in dem „Anpassungsplan für den österreichischen Kohlenbergbau" vom 13. 2. 1960 sind die Gemeinsamkeiten zwischen Bergbau und Landwirtschaft herangezogen worden, um eine umsatzsteuerliche Gleichbehandlung dieser beiden Zweige der Urproduktion zu begründen. In dem Anpassungsplan heißt es:

„Eine vorrangige, sofort wirksame Maßnahme zur notwendigen Senkung der Selbstkosten im Kohlenbergbau stellt die Gewährung einer Umsatzsteuerermäßigung dar. *Gleich der landwirtschaftlichen Urproduktion* wäre

---

[28] Vgl. Niederschrift über die 189. Sitzung des Reichstags vom 11. 7. 1918, Berichte S. 6047 (Abgeordneter Meerfeld).

	Kohle, Briketts in vH	Koks in vH	Leichtes Heizöl in vH	mittelschweres und schweres Heizöl in vH
Lieferung vom Erzeuger (beim Heizöl a) ab Raffinerie)				
an Großhandel	4	4c) bzw. 0d) } § 4 Ziff. 4 UStG b) Freiliste 3 Ziff. 2 und Bearbeitungsverzeichnis Buchst. b	4c) bzw. 0d) } § 4 Ziff. 4 UStG b) Freiliste 3 Ziff. 5 a aa und Bearbeitungsverzeichnis Buchst. c	4
an Einzelhandel	4	4c) bzw. 0d)	4c) bzw. 0d)	4
an gewerbl. Verbraucher	4	4c) bzw. 0d)	4c) bzw. 0d)	4
an Privatverbraucher .	4	4	4	4
Lieferung vom Großhandel				
an Einzelhandel	0 } § 4 Ziff. 4 UStG b) Freiliste 3 Ziff. 2	0 } § 4 Ziff. 4 UStG b) Freiliste 3 Ziff. 2	0 } § 4 Ziff. 4 UStG b) Freiliste 3 Ziff. 5 a, aa,	0 } § 4 Ziff. 4 UStG b) Freiliste 3 Ziff. 5 b
an gewerbl. Verbraucher	0	0	0	0
an Privatverbraucher .	4	4	4	4
Lieferungen vom Einzelhandel				
an gewerbl. Verbraucher	desgl.	desgl.	desgl.	desgl.
an Privatverbraucher .	4	4	4	4

a) Wegen der Umsatzsteuerbelastung des inländischen Rohöls vgl. Abschnitt A. III. 2. c), wegen des Importrohöls vgl. das 11. UStÄndG.
b) Alle Bestimmungen in der Fassung des 11 UStÄngG.
c) Wenn Förderung und Verarbeitung in einer Hand.
d) Wenn Raffinerie Rohöl erworben hat, bzw. wenn Kokerei Kohle erworben hat.

auch dem Kohlenbergbau die Herabsetzung der Umsatzsteuer von 5,25 vH auf 1,75 vH zuzugestehen ... Ergänzt durch eine zinsfreie Stundung des restlichen Drittels dieser Steuer auf 2 bis 3 Jahre, würde eine solche Maßnahme die Grundlage für Preisverbilligungen abgeben können ..."

Aus diesen Gründen ist zu erwägen, eine umsatzsteuerliche Entlastung der Kohle durch eine Senkung des Steuersatzes für Umsätze von Kohle oder durch eine Erweiterung der bisherigen Befreiungsvorschriften herbeizuführen.

bb) Die *Montanunionsumlage* hat ihre Rechtsgrundlage im Vertrag über die Gründung der Europäischen Gemeinschaft für Kohle und Stahl. Dieser Vertrag ist als internationale Vereinbarung den Einflüssen des nationalen Gesetzgebers weitgehend entzogen. Es wird deswegen hier davon abgesehen, zu dieser Abgabe im einzelnen Stellung zu nehmen. Bei allen Untersuchungen über die steuerliche Belastung des Steinkohlenbergbaus darf aber nicht übersehen werden, daß die Montanunionsumlage für dieses Gebiet der Energiewirtschaft zusätzliche Lasten bringt.

2. Die ertragsunabhängigen Steuern in der Mineralölwirtschaft

a) Vorbemerkung

Ähnlich wie beim Steinkohlenbergbau ergeben sich für die Steuern nach dem Vermögen und der Lohnsumme bei der Mineralölwirtschaft keine Besonderheiten in den Bereichen der *Verarbeitung* und des *Vertriebes* (Handels). Bei den Betrieben der Verarbeitung (Raffinerien) handelt es sich um Industriebetriebe. Die Anwendung der Gesetze über die Steuern nach dem Vermögen und der Lohnsumme führt zu keinen besonderen Verzerrungen. Entsprechendes gilt für den Handel mit Mineralölerzeugnissen. Besonderer Erörterung bedarf dagegen der Bereich der *Mineralölgewinnung*. Die hier bei den Steuern nach dem Vermögen und der Lohnsumme auftauchenden Fragen werden im folgenden unter b) dargestellt.

Soweit sich auf dem Gebiet der Verbrauch- und Verkehrsteuern Probleme ergeben, sind diese nicht auf die Gewinnung beschränkt. Sie kommen für alle drei Stufen in Frage. Die Erörterung folgt unter c).

b) *Steuern nach dem Vermögen und der Lohnsumme* (nur Erdölgewinnung)

Auch die Betriebe der Erdölgewinnung werden als Gewerbebetriebe behandelt. Jedoch finden sich bei ihnen, wie bei der Kohlegewinnung, Besonderheiten. Es sind dies vor allem:
die Standortgebundenheit der Gewinnungsbetriebe mit den daraus folgenden Belastungen;
die Abhängigkeit von den geologischen Verhältnissen, die zu erheblichen Investitionen führen kann;

besondere Risiken, die über das normale Unternehmerrisiko in der übrigen Wirtschaft hinausgehen (Gefahr von Fehlaufschlüssen infolge der Schwierigkeit der Feststellung der Vorkommen — der internationale Durchschnitt weist von 10 Bohrungen 9 Bohrungen als Fehlborungen aus);
der Abbau der Rohölvorkommen, der zu neuen Aufschlüssen zwingt.

Diese Besonderheiten haben über die Erdölverordnung vom 13. 12. 1934 zum Erdölgesetz vom 24. 9. 1937 geführt, durch das eine Anzahl Bestimmungen des Allgemeinen Berggesetzes (ABG) für die Erdölgewinnung übernommen wurde. Jedoch hat die Übernahme bei den gegenüber der Kohle anderen tatsächlichen Verhältnissen der Erdölgewinnung nicht das Gewicht, das die Annahme eines Sonderrechts voraussetzt.

Den Besonderheiten der Erdölgewinnung wird bei den folgenden Untersuchungen über die Einzelsteuern Rechnung zu tragen sein.

aa) Die Erörterung der *Vermögensteuer* für die Betriebe der Erdölgewinnung beschränkt sich, wie bei der Steinkohle, auf die Bewertung (Einheitsbewertung). Rechtsgrundlage für die Einheitsbewertung der Betriebe der Erdölgewinnung sind neben dem für alle Steuerpflichtigen geltenden BewG und der BewDV:
die Grundsätze für die Einheitsbewertung der Erdölindustrie vom Juni 1937 und
die erste Ergänzung der Grundsätze für die Einheitsbewertung der Erdölindustrie vom 6. Juli 1939[29].

(1) Nach *geltendem Recht* sind bei der Einheitsbewertung die Betriebsgrundstücke und die Gewerbeberechtigungen mit dem gemeinen Wert, die übrigen Wirtschaftsgüter mit dem Teilwert anzusetzen. Für die typischen Wirtschaftsgüter der Betriebe der Erdölgewinnung, die Erdölgerechtsame[30] und die Bohrungen, ergibt sich dabei folgendes:

Das Recht auf Gewinnung und Aufsuchung von Erdöl *(Erdölgerechtsame)* wird als Gewerbeberechtigung behandelt und ist demgemäß mit dem gemeinen Wert anzusetzen. Die Erdölgerechtsame steht, je nach der landesrechtlichen Regelung, entweder dem Grundeigentümer zu oder ist dem Staat vorbehalten, wie dies z. B. in Preußen durch die Erdöl-Verordnung vom 13. 12. 1934 geschehen ist. Der Grundeigentümer übt das Ausbeutungsrecht entweder selbst aus oder hat es einem Dritten auf Grund von Erdölverträgen übertragen. Im Falle des Staatsvorbehalts wird das Recht auf Ausbeutung dem Unternehmer vom Staat verliehen. Die Erdölgerechtsame wird grundsätzlich demjenigen zugerechnet, der im Grundbuch als Berechtigter eingetragen ist. Dies gilt nicht, wenn die Ausübung der Gerechtsame einem anderen unbefristet, z. B. gegen wiederkehrende Leistungen, übertragen ist. In diesem Falle erfolgt die Zurechnung beim „Erwerber". Bei dieser Bewertungsweise

---
[29] Vgl. Abschnitt A. I. 1. a).
[30] Dieser Ausdruck wird in den Grundsätzen für die Einheitsbewertung der Erdölindustrie gebraucht.

werden zur Vereinfachung des Verfahrens die wiederkehrenden Leistungen weder wertmindernd beim „Erwerber" noch werterhöhend beim „Veräußerer" hinzugerechnet.

Bei der Ermittlung des gemeinen Wertes der Erdölgerechtsame wird unterschieden, ob auf dem Gebiet der Gerechtsame bereits gefördert worden ist oder nicht. Ist die Förderung angelaufen, so erfolgt die Bewertung der Gerechtsame auf Grund des Erdölvorrats, der mit dem 3 bis 6-fachen der durchschnittlichen Jahresfördermenge angesetzt wird. Hierbei wird der Lagerstättenwert des Öls mit einem vH-Satz der für das Jahr 1934 von der Industrie- und Handelskammer Hannover festgesetzten Durchschnittspreise für die einzelnen Erdölsorten gewonnen.

Ist auf den Feldern der Erdölgerechtsame bislang noch nicht gefördert worden, so erfolgt nur eine Bewertung des Ausbeutungsrechts, das auf Grund des Erdölvertrags oder durch Verleihung erworben wurde. Der Wert des Rechts wird dann mit einem abgestuften Satz je nach der Flächengröße des unter Vertrag genommenen konzessionierten Gebiets angesetzt.

Zu den typischen Wirtschaftsgütern der Betriebe der Erdölgewinnung gehören ferner die *Bohrungen*[31]. Diese werden als Betriebsvorrichtungen mit dem Teilwert angesetzt. Bei der Ermittlung des Teilwerts wird von dem Gesamtbetrag der für die Anlage aufgewendeten Kosten einschließlich aller Nebenkosten ausgegangen. Von diesen Kosten werden Abschreibungen in Abzug gebracht, die bei den Bohrungen genormt sind. Für Bohrungen werden bis zum Auslaufen der Anlage Restwerte angehalten.

(2) Die *kritische Würdigung* der Einheitsbewertung der Erdölgerechtsame hat sich mit der Frage ihrer Zurechnung und der Ermittlung ihres Wertes zu befassen.

Die Erdölgerechtsame wird, wie dargestellt[32], den Betrieben der Erdölgewinnung *zugerechnet,* wenn ihnen die Ausübung der Gerechtsame unbefristet übertragen ist. Die Begründung lautet dahin, daß der Betrieb dann eigene freie Verfügungsmacht habe, die der eigentliche Inhaber der Gerechtsame — sei es der Grundeigentümer oder der Staat — durch eine Kündigung nicht beeinträchtigen könne. Die Gerechtsame sei deshalb als wirtschaftliches Eigentum des Gewinnungsbetriebes anzusehen und ihm zuzurechnen[33]. Eine ins einzelne gehende Auseinandersetzung mit diesen Gründen würde den Rahmen der Untersuchung

---

[31] Die in den Grundsätzen für die Einheitsbewertung der Erdölindustrie noch genannten Schachtanlagen spielen heute keine Rolle mehr, da Erdöl im Wege des Untertagebaus in Deutschland heute nur noch an einer Stelle gefördert wird.
[32] Vgl. Abschnitt A. III. 2. a) aa) (1).
[33] Vgl BFH III 452/58 U vom 27. 1. 1961, BStBl. III S. 150.

überschreiten. Es kann jedoch nicht darauf verzichtet werden, aufzuzeigen, daß die Zurechnung der Gerechtsame bei der Einheitsbewertung und ihre Begründung im Widerspruch zur Handhabung vor allem bei der Gewerbesteuer stehen. Die Betriebe der Erdölgewinnung haben in der Regel an den Inhaber der Gerechtsame — Staat oder Grundeigentümer — für die Überlassung der Ausübung des Rechts einen laufenden Förderzins zu zahlen. Dieser Förderzins wird bei der Ermittlung des Gewerbeertrags der Gewinnungsbetriebe ihrem Gewinn aus Gewerbebetrieb nach § 8 Ziff. 7 GewStG hinzugerechnet, weil er in diesem Zusammenhang[34] ebenso wie bei der Einkommensteuer[35] als Pachtzahlung angesehen wird. Entsprechend erfolgt bei der Ermittlung des Gewerbekapitals nach § 12 Abs. 2 Ziff. 2 GewStG eine Hinzurechnung des kapitalisierten Anspruchs des „Verpächters" auf die Förderzinsen. Die Gewinnungsbetriebe können aber nur entweder als wirtschaftlicher Eigentümer der Erdölgerechtsame oder als deren Pächter angesehen werden, da sich die Begriffe „Eigentümer" und „Pächter" gegenseitig ausschließen. Wegen dieser grundsätzlichen Zurechnungfrage schweben Rechtsmittelverfahren. Ohne ihrem Ausgang vorzugreifen sei an dieser Stelle festgestellt, daß die Zurechnung in dem einen oder anderen Sinne gelöst werden muß, da die gegenwärtige Handhabung zu einer nicht gerechtfertigten doppelten Steuerbelastung der Betriebe der Erdölgewinnung führt und ihre Stellung im Wettbewerb dadurch beeinträchtigt.

Die Ermittlung des Wertes der Erdölgerechtsame erfolgt nach der oben näher beschriebenen „Förderformel"[36]. Wenn auch Bedenken gegen einzelne Komponenten der Formel bestehen mögen, so erscheint es insgesamt gesehen doch gerechtfertigt, auf absehbare Zeit an den Werten festzuhalten, die mit Hilfe der Formel ermittelt wurden.

Der Festsetzung der Formel hat eine Renditevorstellung zu Grunde gelegen. Bei den rückläufigen Erlösen der Erdölgewinnung erscheint auf jeden Fall eine Herabsetzung der Werte eher gerechtfertigt als eine Erhöhung.

Die Bewertung der Bohrungen entspricht den wirtschaftlichen Gegebenheiten der Erdölgewinnung.

bb) Der Meßbetrag für die *Gewerbekapitalsteuer* wird durch die Anwendung eines Tausendsatzes auf das Gewerbekapital ermittelt. Als Gewerbekapital gilt nach § 12 Abs. 1 Gewerbesteuergesetz der

---

[34] Vgl. BFH I 199/57 U vom 7. 10. 1958, BStBl. 1959 III S. 5 (für den gleichliegenden Fall der Zahlungen für die Ausübung eines Bimsausbeutungsrechts) und BFH IV 122/58 U vom 12. 5. 1960, BStBl. 1960 III S. 466 (Zahlungen für Ausübung des Rechts über Entnahme von Bruch- und Mauersteinen).
[35] BFH VI 169/59 S vom 21. 10. 1960, BStBl. 1961 III S. 45.
[36] Vgl. Abschnitt A. III. 2. a) aa) (1).

Einheitswert des gewerblichen Betriebes im Sinne des Bewertungsgesetzes, vermehrt um die in § 12 GewStG aufgeführten Hinzurechnungen und vermindert um die dort genannten Abzüge. Wegen dieser Verknüpfung des Gewerbekapitals mit dem Einheitswert wirken sich die im Abschnitt „Vermögensteuer" gemachten Vorschläge für die Ermittlung der Einheitswerte der Betriebe der Erdölgewinnung auch auf die Gewerbekapitalsteuer aus. Insoweit kann auf die dort getroffenen Feststellungen Bezug genommen werden.

Auch auf die besondere Frage der Hinzurechnung des kapitalisierten Anspruchs des „Verpächters" auf die Förderzinsen zum Einheitswert der Betriebe der Erdölgewinnung wurde bereits im Abschnitt „Vermögensteuer" hingewiesen. Deswegen haben die dort gemachten Ausführungen ebenfalls für die Gewerbekapitalsteuer Gültigkeit.

cc) Die *Lastenausgleichsvermögensabgabe* spielt für die Betriebe der Erdölgewinnung keine besondere Rolle, da diese Betriebe am Stichtag für den Lastenausgleich (21. 6. 48) bei weitem noch nicht den Umfang hatten, den sie heute haben und weil außerdem bedeutende Kriegsschäden zu berücksichtigen waren. Eine nähere Untersuchung der Auswirkung dieser Abgabe erübrigt sich daher hier.

dd) Auch die *Gewerbelohnsummensteuer* stellt für die Erdölgewinnung keine stärkere Belastung dar[37], so daß insoweit ebenfalls auf nähere Erörterungen in diesem Zusammenhang verzichtet werden kann. Auf die allgemeine Problematik der Lohnsummensteuer wurde bereits bei der Steinkohle hingewiesen[38].

c) Verkehr- und Verbrauchsteuern

Auf dem Gebiet der Verkehr- und Verbrauchsteuern ist es notwendig, auf die Umsatzsteuer und auf die Mineralölsteuer einzugehen. Die Erörterungen beschränken sich hier nicht auf die Erdölgewinnung, sondern erstrecken sich auf Verarbeitung und Vertrieb (Handel).

aa) Durch die *Umsatzsteuer* werden die Lieferungen von Rohöl an die Raffinerien in einem unterschiedlichen Maße betroffen, je nachdem, ob es sich um im Inland gefördertes oder importiertes Rohöl handelt. Die Lieferung von inländischem Rohöl an die Raffinerien ist mit dem vollen Satz von 4 vH umsatzsteuerpflichtig. Dagegen ist die Einfuhr von Rohöl gemäß § 7 AStO, Freiliste 1 ZT Nr. 27.09 umsatzausgleichsteuerfrei. Für die fehlende Umsatzausgleichsteuerbelastung des Importrohöls wurde zwar im Rahmen des Zolltarifs von 1951 ein Ausgleich geschaffen. Der Zollschutz für das inländische Rohöl hat sich jedoch seitdem durch eine Reihe von Maßnahmen ermäßigt. So wurden z. B.

---
[37] Vgl. Fußnote 20.
[38] Vgl. Abschnitt A. III. 1. b) dd).

Zollbefreiungen für bestimmte Produkte aus importiertem Rohöl und für Importheizöl eingeführt. Darüber hinaus soll der Zoll nach dem EWG-Vertrag und dem ihm beigefügten „Protokoll über Mineralöle und einige Mineralölerzeugnisse"[39] in der Zukunft neu geregelt werden. Aus diesen Gründen erscheint ein Ausgleich der unterschiedlichen Umsatzsteuerbelastung von inländischem und importiertem Rohöl durch den Zoll nicht mehr gesichert. Welcher Weg für einen Ausgleich gegangen werden soll, ist zur Zeit Gegenstand der parlamentarischen Beratungen. Entscheidend kommt es hierbei darauf an, inwieweit der im Rohölzoll enthaltene Ausgleichsteuerteil noch der eigentlichen Ausgleichsteuerbelastung entspricht. Für die hierfür in Frage kommenden Untersuchungen stand dem Institut leider die erforderliche Zeit nicht zur Verfügung. Es wird aber keine besonderen Schwierigkeiten machen, nach Abschluß der parlamentarischen Beratungen und Erlaß einer entsprechenden gesetzlichen Bestimmung, die Frage, ob nunmehr der Ausgleich zwischen ausländischem und importiertem Rohöl geschaffen ist, zu beantworten. Andererseits liegt es nahe, ebenso, wie wir die Befreiung der Kohle von der Umsatzsteuer befürworten, auch die Befreiung des inländischen Rohöls von der Umsatzsteuer zu bejahen. Eine solche Befreiung würde gleichfalls in der umsatzsteuerlichen Behandlung der Landwirtschaft eine Rechtfertigung finden, die weitgehend umsatzsteuerfrei ist, da das Rohöl, wie die landwirtschaftlichen Erzeugnisse, ein Urprodukt darstellt. Auch würde die unterschiedliche Umsatzsteuerbelastung vermieden, die dadurch eintritt, daß ein Teil der Gewinnungsbetriebe das Rohöl in eigenen Raffinerien verarbeitet und so die Umsatzsteuer spart, während andere Gewinnungsbetriebe diese Möglichkeiten nicht haben und durch die Abgabe des Rohöls umsatzsteuerpflichtig werden.

Von einer Erörterung der umsatzsteuerlichen Behandlung der Mineralölprodukte kann hier abgesehen werden. Es schweben die Beratungen zum 11. UStÄndG, deren Ausgang erst abgewartet werden muß.

bb) Der *Mineralölsteuer* unterliegt sowohl das im Inland hergestellte wie das eingeführte Mineralöl. Was unter „Mineralöl" zu verstehen ist, regelt § 1 des Mineralölsteuergesetzes unter Verwendung der jeweiligen Begriffsbestimmungen des Zolltarifs und seiner Erläuterungen.

Bei im Inland erzeugtem Mineralöl entsteht die Steuerschuld dadurch, daß Mineralöl aus dem Herstellungsbetrieb entfernt oder zum Verbrauch innerhalb des Betriebes entnommen wird, und zwar im Zeitpunkt der Entfernung oder der Entnahme (§ 3 MinÖStG). Bei der Einfuhr von Mineralöl gelten weitgehend die Vorschriften des Zollrechts (§ 3 Abs. 3 MinÖStG).

---

[39] Vgl. Abschnitt A. I. 2. b).

Die Steuer beträgt gemäß § 2 MinÖStG nach dem Stand vom 1. 1. 1961 für 100 kg des im Sinne der Zollvorschriften zu verstehenden Eigengewichts für

1. a) Leichtöle (Benzin, Testbenzin, Benzin-Benzol-Gemische u. a.) 32,50 DM
   b) Benzin
      aa) hergestellt durch Hydrierung .... 20,35 DM
      bb) hergestellt im Fischer-Tropsch-Verfahren bis zum 31. März 1961 .... 20,35 DM
      cc) anderes als unter aa) und bb) genannt, hergestellt in bestimmten Betrieben und unter besonderen Voraussetzungen .... 24,50 DM
      dd) hergestellt aus der Braunkohlen- und Ölschieferschwelung sowie der Druckvergasung von Kohle .... 20,35 DM
   c) mittelschwere Öle .... 22,75 DM
   d) Gasöle .... 22,75 DM
   e) Gasöle hergestellt
      aa) durch Hydrierung .... 16,45 DM
      bb) im Fischer-Tropsch-Verfahren bis 31. März 1961 .... 16,45 DM
   f) Schmieröle und Reinigunsextrakte .... 28,— DM
   g) Schmieröle, nur durch Aufarbeitung von Altölen hergestellt 15,— DM
   h) sonstige .... 10,— DM
2. Benzolerzeugnisse (Benzol, Toluol usw.) .... 27,10 DM
3. Flüssiggase
   a) ausschließlich aus im Erhebungsgebiet gefördertem unbearbeitetem Erdöl hergestellt .... 15,50 DM
   b) sonstige .... 19,75 DM

Mit Wirkung ab 1. Mai 1960 wurden auch leichte und schwere Heizöle, die bis dahin von der Besteuerung freigestellt waren, der Besteuerung unterworfen, und zwar

1. Gasöle mit einem ermäßigten Satz von .... 1,— DM
   je 100 kg
2. andere Schweröle und Reinigungsextrakte mit einem ermäßigten Satz von .... 2,50 DM
   je 100 kg

Im Rahmen der vorliegenden Untersuchung interessiert das Heizöl. Berücksichtigt man, daß die Steuersätze für Vergaserkraftstoffe 32,50 DM und für Gasöle (Dieselöle) 22,75 DM je 100 kg betragen, während leichtes Heizöl mit 1,— DM und schweres Heizöl mit 2,50 DM je 100 kg besteuert werden, so wird deutlich, daß es sich bei der Mineralölsteuer praktisch um eine Kraftstoffbesteuerung handelt, hinter der die Besteuerung von Heizölen völlig zurücktritt.

Mit der Heizölsteuer werden nach der gesetzlichen Begründung[40] keine fiskalischen Zwecke verfolgt. Die Besteuerung des Heizöls soll eine Übergangsmaßnahme sein. Im schriftlichen Bericht des Finanzausschusses[41] wird auf die Zweckbindung des Aufkommens aus der Heizölsteuer, nämlich die Deckung von Ausgaben des Bundeshaushalts für Maßnahmen zur Anpassung des Steinkohlenbergbaus an die veränderte Lage auf dem Energiemarkt, insbesondere zur Vermeidung sozialer Härten, verwiesen. Inwieweit diese Steuer den ihr so zugedachten Effekt erreicht hat, sind die Ansichten geteilt. Der Zeitraum seit ihrer Einführung mag in der Tat noch zu kurz sein, um hier zu abschließenden Feststellungen zu kommen. Jedenfalls ist aber die Regierung gehalten, durch ihren Kabinettsausschuß für Wirtschaft in enger Fühlungnahme mit den Landesregierungen die Entwicklung auf dem Energiemarkt und die Auswirkungen dieses Gesetzes laufend zu beobachten. Die Frist für seinen Ablauf ist auf den 30. 4. 1963 festgesetzt. Es besteht daher für die Zwecke dieser Untersuchung keine Notwendigkeit, auf die Heizölsteuer noch weiter einzugehen.

---

[40] Deutscher Bundestag, 3. Wahlperiode, Drucksache 1327, S. 3.
[41] Deutscher Bundestag, 3. Wahlperiode, Drucksache 1635, S. 2.

B. Der Einfluß der ertragsabhängigen Steuern auf den Wettbewerb der Energieträger

I. Die erfaßten Steuern

Die Untersuchung über den Einfluß der ertragsabhängigen Steuern auf den Wettbewerb der Energieträger erstreckt sich auf

1. Körperschaftsteuer und
2. Gewerbeertragsteuer.

Die Einkommensteuer wird nicht gesondert behandelt, da ihr nur das Einkommen natürlicher Personen unterliegt. Der Wettbewerb auf dem Energiemarkt wird durch juristische Personen bestimmt. Die größeren Unternehmen der Energieerzeugung sind fast ausschließlich in der Form juristischer Personen organisiert. Ihr Einkommen wird von der Körperschaftsteuer erfaßt. Die Bestimmungen des Körperschaftsteuergesetzes lehnen sich aber eng an die Bestimmungen des Einkommensteuergesetzes an. Im Rahmen des Körperschaftsteuergesetzes wird deshalb auch auf die Vorschriften des Einkommensteuergesetzes eingegangen, soweit sie die Energieerzeuger berühren.

1. Körperschaftsteuer

Die Körperschaftsteuer ist die Einkommensteuer der juristischen Personen. Das Einkommen der juristischen Personen wurde zunächst im preußischen Einkommensteuergesetz von 1891 neben dem Einkommen der natürlichen Personen besteuert. Im Jahre 1920 wurde die Besteuerung der juristischen Personen dann durch die Reichsgesetzgebung aus dem Einkommensteuergesetz herausgenommen und für sie ein besonderes Gesetz geschaffen, das in der Folgezeit vielfach geänderte Körperschaftsteuergesetz.

Das Aufkommen aus der Körperschaftsteuer steht heute zu 35 vH dem Bund und zu 65 vH den Ländern zu.

Der unbeschränkten Körperschaftsteuerpflicht unterliegen die in § 1 KStG aufgeführten Körperschaften, von denen im Rahmen der vorliegenden Untersuchung vor allem folgende in Ziff. 1 genannten Kapitalgesellschaften in Betracht kommen: Aktiengesellschaften, Gesellschaften mit beschränkter Haftung, bergrechtliche Gewerkschaften.

Die Körperschaftsteuer bemißt sich nach dem Einkommen, das das steuerpflichtige Unternehmen innerhalb eines Kalenderjahres bezogen hat (§ 5 KStG). Was als Einkommen gilt und wie das Einkommen zu ermitteln ist, bestimmt sich nach den Vorschriften des Einkommensteuergesetzes und den §§ 7 bis 16 KStG. Bei der Ermittlung des Einkommens der Unternehmen des Energiemarktes sind dabei folgende Sonderregelungen zu beachten:

auf dem Gebiete des Steinkohlenbergbaus
§ 81 EStDV, der zeitlich begrenzte Sonderabschreibungen u. a. für den Steinkohlenbergbau gewährt;
Runderlaß des Finanzministers des Landes NRW vom 12. 4. 1955 — S 2500 — 336 — V B — 3. Der Erlaß behandelt Rückstellungen für Bergschäden in der DM-Eröffnungsbilanz und die Bewertung von Tagesschächten;
das sogenannte Düsseldorfer Abkommen, ein unter dem Aktenzeichen S 250 — 503/V B — 3 am 20. 1. 1956 ergangener Erlaß des Finanzministers des Landes NRW, der Bestimmungen für die Durchschnittsbewertung der Streckennetze und für die Festwerte im Steinkohlenbergbau trifft;
Erlaß des Finanzministers des Landes NRW vom 4. 2. 1959 — S 2139 — 622/V B — 1, der Auslegungsfragen des § 81 EStDV regelt;
Erlaß des Finanzministers des Landes NRW vom 20. 2. 1959 — S 2130 — 503/V B — 1, der für die steuerliche Behandlung von Feststellungs- und Aufsuchungskosten bei Kohle- und Erzvorkommen vorschreibt, nach den Grundsätzen zu verfahren, die in der Bundestagsdrucksache Nr. 793 vom 15. 1. 1959 niedergelegt sind;
Rundverfügung der OFD Düsseldorf vom 5. 6. 1959 — S 1505 B — 104/59 — KBp zur Änderungsgrenze der Festwerte bei Grubenbauen.

auf dem Gebiet der Mineralölwirtschaft
die sogenannten Hannoverschen Grundsätze, eine Niederschrift über die Besprechung bei der OFD Hannover vom 13. 12. 1957 (veröffentlicht in Wpg 1961, S. 20);
ein seitens mehrerer Landesfinanzministerien im Einvernehmen mit dem BdF ergangener gleichlautender Erlaß zur ertragsteuerlichen Behandlung von Auslandsbeteiligungen deutscher Erdölunternehmen. Für Hessen: Erlaß des hessischen Finanzministers vom 18. 8. 1960, S. 2530 — 8 — II/31.

2. Gewerbeertragsteuer

Die Gewerbeertragsteuer gehört ebenfalls zur Gewerbesteuer, deren beide anderen Bestandteile, die Gewerbekapitalsteuer und die Gewerbelohnsummensteuer, bereits bei den ertragsunabhängigen Steuern gewürdigt wurden.

Ausgangspunkt für die Erhebung der Gewerbeertragsteuer ist der Gewerbeertrag. Gewerbeertag ist der nach den Vorschriften des Einkommensteuergesetzes oder des Körperschaftsteuergesetzes zu ermittelnde Gewinn aus dem Gewerbebetrieb, der bei Ermittlung des Einkommens für den dem Erhebungszeitraum entsprechenden Veranlagungszeitraum zu berücksichtigen ist, vermehrt um die Hinzurechnungen des § 8 GewStG und vermindert um die Kürzungen des § 9 GewStG (§ 7 GewStG). Aus dem Gewerbeertrag wird durch Anwendung einer Steuermeßzahl der Steuermeßbetrag nach dem Gewerbeertrag gewonnen (§ 11 GewStG). Dieser wird mit dem Steuermeßbetrag nach dem

Gewerbekapital zusammengezählt und ergibt den einheitlichen Steuermeßbetrag (§ 14 GewStG), auf dessen Grundlage die Gewerbesteuer nach dem Hebesatz erhoben wird, den die hebungsberechtigte Gemeinde festsetzt (§ 16 GewStG).

Sonderregelungen für die Ermittlung der Gewerbeertragsteuer der Unternehmen des Steinkohlenbergbaus und der Mineralölindustrie sind nicht bekannt. Da Ausgangspunkt für die Ermittlung des Gewerbeertrags der nach den Vorschriften des Einkommensteuergesetzes oder des Körperschaftsteuergesetzes zu ermittelnde Gewinn aus Gewerbebetrieb ist, wirken sich die für diese Gebiete bestehenden Sonderregelungen aber auch auf die Gewerbeertragsteuer aus.

II. Quantitative Analyse der Belastung mit ertragsabhängigen Steuern

Die in diesem Abschnitt getroffenen Feststellungen tatsächlicher Art sind zu einem erheblichen Teil vertraulich. Auf ihre Wiedergabe wird sowohl aus diesem Grunde verzichtet als auch deshalb, weil die Aussagekraft der Feststellungen im Ergebnis verneint wird.

III. Normenrechtliche Analyse der ertragsabhängigen Steuern

Bei der normenrechtlichen Analyse der ertragsabhängigen Steuern wurde von den unter I aufgezeigten Rechtsnormen des Körperschaftsteuergesetzes, des Gewerbesteuergesetzes, den Durchführungsbestimmungen sowie der Praxis von Verwaltung und Rechtsprechung ausgegangen und untersucht, inwieweit diese den besonderen Gegebenheiten der Unternehmen des Steinkohlenbergbaus und der Mineralölwirtschaft oder einzelner ihrer Wirtschaftsstufen gerecht werden. Soweit die Untersuchung keine Besonderheiten oder Verzerrungen aufgedeckt hat, werden — ebenso wie bei den ertragsunabhängigen Steuern — nur die Ergebnisse mitgeteilt.

1. Die ertragsabhängigen Steuern im Steinkohlenbergbau

Bei den Unternehmen des Steinkohlenbergbaus haben sich für die Bereiche der *Verarbeitung* (Kokerei einschließlich Kohlenwertstoffbetriebe und Brikettfabrik)[42] und des *Vertriebs* (Handel) unter dem Gesichtspunkt der ertragsabhängigen Steuern keine Besonderheiten ergeben. Bei den Betrieben der Verarbeitung handelt es sich um Industriebetriebe. Die Anwendung des Körperschafts- und Gewerbesteuergesetzes führt zu keinen besonderen Verzerrungen. Entsprechendes gilt für den Handel. Besonderheiten ergeben sich jedoch bei den Betrieben der *Kohlegewinnung* (Grubenbetrieb und seine Hilfsbetriebe), die einer

---
[42] Nach dem Auftrag hat sich die Untersuchung nicht auf die Kraftwerke erstreckt.

näheren Untersuchung bedürfen. Die sich hier ergebenden Besonderheiten werden im folgenden unter a) für die Körperschaftssteuer und unter b) für die Gewerbeertragssteuer dargestellt. Dabei wird jeweils zunächst eine Beschreibung des geltenden Rechts gegeben, an die sich eine Würdigung und die Darstellung von Abänderungsmöglichkeiten anschließen:

a) Körperschaftsteuer

aa) Nach geltendem Recht bemißt sich die Körperschaftsteuer nach dem Einkommen, das das steuerpflichtige Unternehmen innerhalb eines Kalenderjahres bezogen hat. Wie dargestellt, bestimmt sich die Ermittlung des Einkommens nach den Vorschriften des EStG und der §§ 7 bis 16 KStG, wobei die folgenden oben näher beschriebenen Sonderregelungen zu beachten sind[43]:

§ 81 EStDV,
der Runderlaß des Finanzministers v. NRW v. 12. 4. 1955,
das Düsseldorfer Abkommen vom 20. 1. 1956,
der Erlaß des Finanzministers von NRW v. 4. 2. 1959,
der Erlaß des Finanzministers von NRW v. 20. 2. 1959,
die Rundverfügung der OFD Düsseldorf vom 5. 6. 1959.

Besonderheiten für die Einkommensermittlung der Betriebe der Steinkohlengewinnung ergeben sich bei der Bewertung der folgenden für die Gewinnung typischen Bilanzpositionen:

1. Mineralgewinnungsrecht
2. Anlagevermögen unter Tage
3. Bergschädenrückstellungen.

(1) Für die Bewertung des *Mineralgewinnungsrechts* ist zu unterscheiden, ob das Recht derivativ oder originär[44] erworben wurde.

Das derivativ erworbene Mineralgewinnungsrecht (also vor allem das käuflich erworbene Recht) ist gemäß § 6 Abs. 1 Ziff. 1 EStG mit den Anschaffungskosten, vermindert um die Abschreibungen nach § 7, anzusetzen. Ist der Teilwert niedriger, so kann dieser angesetzt werden.

Rechtsgrundlage für die Bewertung des verliehenen Mineralgewinnungsrechts ist ebenfalls § 6 EStG. Bei der Ermittlung der Anschaffungskosten werden zur Zeit die in der Bundestagsdrucksache Nr. 793 vom 15. 1. 1959 niedergelegten Grundsätze angewendet. Danach sind die Aufwendungen für Arbeiten zur Aufsuchung von Kohlevorkommen als Anschaffungskosten des Mineralgewinnungsrechts zu aktivieren. Eine Unterscheidung zwischen fündigen und nicht fündigen Mutungsbohrungen wird nicht getroffen, so daß auch Aufwendungen für vergebliche

---
[43] Vgl. Abschnitt B. I. 1.
[44] Unter „originärem Erwerb" wird hier ausschließlich der Erwerb durch Verleihung nach § 50 Abs. 1 des Allg. Berggesetzes (ABG) verstanden.

Bohrungen zu den Anschaffungskosten des Mineralgewinnungsrechts gehören, wenn sie nur im Zusammenhang mit einem später verliehenen Recht stehen. Die Abschreibungen werden beim Mineralgewinnungsrecht gemäß § 7 Abs. 4 EStG nach Maßgabe des Substanzverzehrs vorgenommen. Der Substanzverzehr wird auf der Grundlage der jährlichen Fördermenge berechnet.

(2) Bei der Bewertung der Wirtschaftsgüter des *Anlagevermögens unter Tage* ist zu unterscheiden zwischen
den Schächten,
den Strecken und sonstigen Grubenbauen,
der Betriebsausstattung unter Tage und den Maschinen unter Tage.

Die Schächte gehören zu den Betriebsvorrichtungen. Sie werden nach § 6 Abs. 1 EStG mit den Herstellungskosten, vermindert um die Absetzungen für Abnutzung, angesetzt. Ist der Teilwert niedriger, so kann dieser angesetzt werden.

Zu den Herstellungskosten werden alle Kosten gerechnet, die für die Planung, die Vorbereitung, das Abteufen sowie für den Ein- und Ausbau des Schachts bis zur Schachtsohle entstanden sind. Wenn zur Bestimmung des günstigsten Feldesteiles für den Schachtansatz mehrere Bohrungen nötig sind, so müssen auch sie aktiviert werden.

Ausgangspunkt für die Absetzungen für Abnutzung ist § 7 Abs. 2 EStG. Die Absetzungen für Abnutzung erfolgen durch Verteilung des Wertes auf die Nutzungsdauer der gesamten Schachtanlage nach der linearen oder degressiven Methode. Als Maßstab für die Absetzungen kann auch der Abbau der Mineralsubstanz herangezogen werden.

Bei Anwendung der sohlenabschnittsweisen Abschreibung nach dem Erlaß des Finanzministers Nordrhein-Westfalen vom 12. 4. 1955 brauchen für Tagesschächte, die nach dem 21. 6. 1948 weiter abgeteuft worden sind, nur die Abteufkosten des ersten Schachtabschnitts auf die gesamte Lebensdauer der Schachtanlage verteilt zu werden. Die Kosten der Weiterabteufung können dagegen jeweils entsprechend der Zeit des Abbaus einer Sohle abgeschrieben werden.

Für Wirtschaftsgüter, die — mit den Worten des § 81 EStDV — im Tiefbaubetrieb des Steinkohlenbergbaus angeschafft oder hergestellt worden sind,
für die Errichtung von neuen Förderschachtanlagen,
auch in der Form von Anschlußschachtanlagen,
für die Erichtung von neuen Schächten in Verbindung mit Aufschlußarbeiten unter Tage,
für die Zusammenfassung von mehreren Förderschachtanlagen zu einer einheitlichen Förderschachtanlage oder
für den Wiederaufschluß stilliegender Grubenfelder und Feldesteile

können die in der genannten Bestimmung vorgesehenen Sonderabschreibungen in Anspruch genommen werden, wenn die in dieser Vorschrift geforderten sonstigen Voraussetzungen (zeitliche Begrenzungen und Anerkennung der Förderungswürdigkeit) erfüllt sind. Die Sonderabschreibungen schließen die Absetzungen für Abnutzung des § 7 EStG nicht aus, soweit sie nach der linearen Methode vorgenommen werden.

Bei der einkommensteuerlichen Bewertung der *Strecken und sonstigen Grubenbaue* werden Festwerte gebildet. Ihre Berechnung erfolgt nach dem Düsseldorfer Abkommen vom 20. 1. 1956. Die Herstellungskosten der Strecken und sonstigen Grubenbaue werden danach nur insoweit aktiviert, wie sie dem normalen (durchschnittlichen) Ausbau des Ruhrbergbaus entsprechen. Dieser normale Ausbau ist auf 7 m Länge je Tonne verwertbarer Tagesförderung und 9 m^2 Querschnitt festgestellt worden. Eine Änderung der so errechneten Festwerte soll nur dann vorgenommen werden, wenn sich die Kapazität der Schachtanlage um mehr als 10 vH geändert hat. Unter den Voraussetzungen des § 81 EStDV kann von den dort vorgesehenen Sonderabschreibungen Gebrauch gemacht werden.

Für die Betriebsausstattung unter Tage wurden im Steinkohlenbergbau seit jeher Festwerte gebildet. Ihre Berechnung erfolgt heute ebenfalls nach dem Düsseldorfer Abkommen. Abweichend von den Festwerten für die Grubenbaue konnten die Festwerte für das Inventar unter Tage jedoch in der Zeit vom 1. 1. 1956 bis 31. 12. 1960 auf jeden Fall angehalten werden. Die *Maschinen unter Tage* werden nach den allgemeinen Vorschriften bewertet, soweit nicht § 81 EStDV eingreift und Sonderabschreibungen gestattet.

(3) Auf das Wesen der *Rückstellungen für Bergschäden* wurde oben im Rahmen der Gewerbekapitalsteuer bereits eingegangen[45]. Für die einkommensteuerliche und körperschaftsteuerliche Behandlung der Rückstellungen für Bergschäden werden 3 Gruppen gebildet:

Rückstellungen für verursachte, aber noch nicht entstandene Schäden,
Rückstellungen für entstandene Schäden,
Rückstellungen für Dauerschäden.

Zu den Rückstellungen für verursachte, aber noch nicht entstandene Schäden gehören alle Schäden, die durch den Abbau verursacht, aber an der Erdoberfläche noch nicht in Erscheinung getreten sind. Rechtsprechung[46] und Verwaltung[47] haben die Passivierung der Verpflichtung zur Beseitigung dieser Schäden anerkannt. Sie erfolgt in zwei Untergruppen

---
[45] Vgl. Abschnitt A. III. 1. b) bb).
[46] BFH III 43/50 S vom 25. 10. 1951, BStBl. 1952 III S. 37.
[47] Erlaß des Finanzministers von NRW vom 12. 4. 1955, vgl. näher Abschnitt B. I. 1.

in Form von Pauschalrückstellungen und
in Form von Rückstellungen für Einzelschäden.

Die Pauschalrückstellungen umfassen die kleineren Schäden. Sie werden überwiegend in der Weise ermittelt, daß der durchschnittliche Jahresaufwand für Bergschäden innerhalb eines Zeitraums von 10 Jahren festgestellt und mit dem 5- bzw. 7fachen vervielfältigt wird. Hinzu kommt ein Zuschlag für Preisangleichungen. Die Rückstellungen für Einzelschäden werden für umfangreiche Schäden gebildet. Dabei wird der zu erwartende Aufwand für die Beseitigung der Schäden geschätzt und auf die Tonne Mineralsubstanz nach Maßgabe der Förderung verteilt.

Die Rückstellungen für entstandene Bergschäden werden auf der Grundlage von Zusammenstellungen dieser Schäden gebildet, die von den Markscheidern aufgestellt werden.

Die Rückstellungen für Dauerschäden sind ein Unterfall der Rückstellungen für entstandene Bergschäden. Sie werden aber gesondert behandelt. Die Rückstellungen für Dauerschäden umfassen alle Aufwendungen, die aus einzelnen Schäden für längere Zeiträume entstehen und unabhängig von der Aufrechterhaltung der Förderung wiederkehren. Die Rückstellungen für Dauerschäden werden in der Weise gebildet, daß der hierfür geleistete Aufwand eines Jahres mit dem 20fachen angesetzt wird.

bb) Einer Würdigung des geltenden Rechtszustandes auf dem Gebiete der Körperschaftsteuer und der Entwicklung von Änderungsvorschlägen sind folgende allgemeine Erwägungen voranzustellen: Die zur Zeit gültigen Bestimmungen über die körperschaftsteuerliche Behandlung der Gewinnungsbetriebe im Steinkohlenbergbau sind unübersichtlich, zersplittert und teilweise befristet. Der Schwerpunkt der Regelungen hat sich vom Gesetz auf die Durchführungsbestimmungen und die Verwaltungserlasse verschoben. Vorschläge für eine Neuordnung dieses Gebietes müssen deshalb einmal danach trachten, klare und übersichtliche Regelungen für die körperschaftsteuerliche Behandlung der Gewinnungsbetriebe zu schaffen und dem Gesetz wieder den ihm gebührenden Vorrang einzuräumen. Darüber hinaus müssen sie bestrebt sein, den besonderen natürlichen, wirtschaftlichen und rechtlichen Bedingungen Rechnung zu tragen, denen der Bergbau unterliegt. Die folgenden Erörterungen berücksichtigen diese allgemeinen Erwägungen. Sie erstrecken sich auf

(1) das Mineralgewinnungsrecht
(2) das Anlagevermögen unter Tage
(3) die Rückstellungen für Bergschäden
(4) eine Bergbaurücklage

(5) einen erweiterten Verlustvortrag
(6) einen Verlustrücktrag.

(1) Gegen die bisherige Behandlung des derivativ (z. B. durch Rechtsgeschäft) erworbenen *Mineralgewinnungsrechts* bestehen keine Bedenken. Das vom Erwerber geleistete Entgelt läßt sich klar bestimmen. Eine Aktivierung entspricht dem System des Einkommen- und Körperschaftsteuerrechts.

Bedenken bestehen aber gegen die Aktivierung des originär (durch Verleihung) erworbenen Mineralgewinnungsrechts auf der Grundlage der Kosten für die Aufsuchungsarbeiten.

Unerläßliche Voraussetzung für die Aktivierung eines Wirtschaftsguts ist die zuverlässige Bestimmung seines Wertes[48]. Ob ein einmal verliehenes Mineralgewinnungsrecht überhaupt einen Wert hat, läßt sich zunächst nicht feststellen.

Es ist ungewiß, ob dieses Mineralgewinnungsrecht in der Zukunft ausgenutzt werden kann. In der Praxis kommt es bei den meisten Rechten nicht zu einer Ausnutzung. Auch läßt sich nicht bestimmen, wann eine Ausnutzung des Rechts erfolgen kann. Selbst wenn man aber von vornherein einen Wert des verliehenen Mineralgewinnungsrechts bejaht, so fehlen für die Feststellung der Höhe des Wertes auch nur einigermaßen zuverlässige Maßstäbe.

Die Aufsuchungskosten bieten aber auch deshalb keinen geeigneten Anhaltspunkt für die Bewertung des Mineralgewinnungsrechts, weil es an einem inneren Zusammenhang zwischen diesen Kosten und dem Wert des Rechts fehlt. Es läßt sich nicht feststellen, welche Kosten gerade für ein bestimmtes Mineralgewinnungrecht aufgewendet wurden. Außerdem sind die Kosten der Aufsuchung sehr unterschiedlich. Wenn das Deckgebirge gering ist oder schon die erste Bohrung fündig wird, halten sich die Kosten in einem verhältnismäßig niedrigeren Rahmen. In Fällen, in denen ein Mineral zutage tritt, entfallen sie praktisch ganz. Müssen dagegen viele Bohrungen in größere Teufen niedergebracht werden oder sind noch besondere seismographische Untersuchungen notwendig, so entstehen außerordentlich hohe Kosten.

Ferner bestehen zwischen den Aufsuchungsarbeiten im Bergbau und den Forschungs- und Entwicklungsarbeiten starke Parallelen. In beiden Fällen werden Mittel zur Gewinnung neuer Erkenntnisse aufgewendet. In beiden Fällen ist es ungewiß, ob und welchen Nutzwert die Erkenntnisse haben. Forschungs- und Entwicklungskosten müssen jedoch nicht aktiviert werden, sondern sind steuerrechtlich auch dann als abzugsfähig anerkannt, wenn es zur Verleihung eines Patents kommt[49].

---
[48] BFH IV 255/53 U vom 28. 1. 1954, BStBl. 1954 III S. 109.
[49] Gleichlautende Erlasse der Länderfinanzminister: für NRW Erlaß vom 4. 12. 1958 S 2118/6184/V B — 1 = BStBl. 1958 II S. 189.

Schließlich ist die Behandlung der Aufsuchungskosten bei den inländischen Erdölgewinnungsbetrieben zu berücksichtigen. Die Erdölgewinnungsbetriebe brauchen nach den Hannoverschen Grundsätzen ihre Aufsuchungskosten nicht als Anschaffungs- bzw. Herstellungsaufwand der Erdölgerechtsame zu aktivieren, sondern können sie sofort als Betriebsausgaben absetzen[50].

Diese Überlegungen führen zu dem Vorschlag, von einer Aktivierung des originär erworbenen Mineralgewinnungsrechts auf der Grundlage der Aufsuchungskosten abzusehen und diese Kosten zum Abzug als Betriebsausgaben zuzulassen, so daß sie den Gewinn mindern.

(2) Bei der Darstellung der derzeitigen einkommen- und körperschaftsteuerlichen Bewertung des *Anlagevermögens unter Tage* (Schächte, Strecken und sonstige Grubenbaue, Betriebsausstattungen unter Tage, Maschinen unter Tage) wurde hervorgehoben, daß die Finanzverwaltung durch eine Reihe von Regelungen teilweise von dem in § 6 Abs. 1 Ziff. 1 EStG festgelegten Prinzip der Aktivierung der vollen Anschaffungs- oder Herstellungskosten und der Verteilung der Abschreibungen auf die gesamte Nutzungsdauer der Anlagen abgegangen ist. Es handelt sich bei allen diesen Regelungen aber nur um „gezielte" Teillösungen, die auf bestimmte Wirtschaftsgüter beschränkt und zum Teil befristet sind. Grundsätzlicher Ausgangspunkt für die Bewertung des Anlagevermögens unter Tage ist nach wie vor § 6 Abs. 1 Ziff. 1 EStG.

Eine Bewertung des Anlagevermögens unter Tage auf der Grundlage der Anschaffungs- oder Herstellungskosten ist an sich immer problematisch gewesen. Der Zweck der Abschreibung, die Substanz zu erhalten, wird nicht erreicht im Falle steigender Wiederbeschaffungskosten. Diese unzureichende Regelung führt infolge der langen Nutzungsdauer der Wirtschaftsgüter beim Bergbau zur Ungerechtigkeit. Darüber hinaus sind vermehrte Investitionen bei Untertagebetrieben in der Regel nicht wertsteigernd, sondern sie ermöglichen es lediglich, die Förderung trotz des erfolgten Substanzabbaus aufrecht zu erhalten und die geologischen und sonstigen aus dem Wesen der Gewinnung folgenden Schwierigkeiten zu überwinden. Die Investitionen machen das Bergwerk nicht wertvoller. Diese Fragen wurden im Rahmen der Vermögensteuer bei der Auseinandersetzung mit der RFH-Entscheidung in der Einheitswertsache der Gewerkschaft Constantin bereits erörtert. Es kann insoweit auf die dort getroffenen Feststellungen Bezug genommen werden[51].

Bieten die Anschaffungs- oder Herstellungskosten danach keinen geeigneten Ansatzpunkt für die einkommen- und körperschaftsteuerliche Bewertung der Wirtschaftsgüter des Anlagevermögens unter Tage, so ergibt sich die Frage, wie dann verfahren werden soll.

---
[50] Vgl. Abschnitt B. I. 1. und B. III. 2. a) aa) (1).
[51] Vgl. Abschnitt A. III. 1. b) aa) (2).

Man könnte zunächst daran denken, den bergbaulichen Besonderheiten dadurch Rechnung zu tragen, daß ein steuerwirksamer *zeitlich begrenzter Passivposten* zugelassen wird, der in Höhe der Aktivierungen oder eines Teiles derselben in die Bilanz einzustellen ist. Eine solche Regelung hat die Finanzverwaltung in einigen Fällen bereits anerkannt, so vor allem bei der Einbringung von Erfahrungen inländischer Unternehmen in ausländische Firmen gegen Gewährung von Gesellschaftsrechten[52] und bei Auslandsbeteiligungen deutscher Erdölunternehmen[53]. Einen derartigen Passivposten sieht neuerdings auch § 34 d des vom Bundestag verabschiedeten Entwurfs des Steueränderungsgesetzes 1961 für bestimmte Anlagen in Entwicklungsländern vor. Solche Versuche einer Bewertungskorrektur für Bergwerksunternehmen würden an sich sehr interessant sein. Sie könnten jedoch voraussichtlich der Vielzahl der bergbaulichen Besonderheiten nicht in vollem Umfang gerecht werden. Es wäre ferner möglich, die Pflicht zur Aktivierung auf die *durchschnittlichen Kosten für den Erstausbau* zu beschränken. Dann würde es nicht nötig sein, darüber hinausgehende Investitionen zu aktivieren. Eine solche Beschränkung der Aktivierungen auf den Erstausbau hat es früher bereits einmal in den Magdeburger Richtlinien[54] gegeben. Sie wird heute z.B. in Belgien[55] und den Niederlanden[56] geübt.

Eine derartige Regelung würde gegenüber dem jetzigen Zustand einen Fortschritt bedeuten, denn es würde anerkannt, daß die Erweiterung des Grubengebäudes das Bergwerk regelmäßig nicht wertvoller macht. Trotzdem kann die Beschränkung der Aktivierungspflicht auf die Erstausstattung nicht als Ideallösung angesehen werden, denn es würden sich zahlreiche Zweifelsfragen ergeben, bei denen ungewiß ist, ob überhaupt eine Klärung erfolgen kann. So müßte zunächst einmal eine Definition des Erstausbaus und der Normalförderung gefunden werden. Schon dies würde außerordentlich schwierig sein. Es müßten umfassende Regelungen für Kapazitätserweiterungen oder -einschränkungen getroffen werden; und schließlich würde eine Beschränkung der Aktivierungen auf den Erstaufbau dem modernen „Rückbauverfahren" nicht gerecht werden können, wo zunächst am äußersten Ende

---

[52] Aus Einkommensteuerkartei der OFD Düsseldorf zu § 5: EStG-Anweisungen; Ziff. 12 — Auslandsbeziehungen, hier: Bilanzierung von ausländischen Gesellschaftsrechten usw.
[53] Im Einvernehmen mit dem BdF ergangener Erlaß des Hessischen Finanzministeriums vom 18. 8. 1960 — S 2530 — 8 — II/31; abgedruckt in DB 1960, S. 1085.
[54] Vom 3. 6. 1935, auszugsweise veröffentlicht bei Schlenkhoff, Handbuch der Einheitsbewertung und Vermögensteuer, Bd. II: Richtlinien der Hauptorte, S. 236.
[55] Nach den Richtlinien des „Conseil National des Charbonnages", die auch von der belgischen Finanzverwaltung anerkannt werden.
[56] Dort auf Grund der Verwaltungspraxis.

des Feldes mit der Förderung begonnen wird und die nicht mehr benötigten Teile der Grubenbaue später abgeworfen werden. Alle diese Schwierigkeiten würden sich nicht ergeben, wenn für die Wirtschaftsgüter des Anlagevermögens unter Tage die *Bewertungsfreiheit* eingeführt würde. Die Bewertungsfreiheit bringt eine klare, eindeutige Regelung. Sie würde es den Bergbautreibenden gestatten, den aufgezeigten Besonderheiten, denen die Untertageanlagen unterworfen sind, durch eine angemessene Bewertung der Wirtschaftsgüter zu begegnen. Die Unternehmen wären darüber hinaus in der Lage, den unterschiedlichen Verhältnissen innerhalb der einzelnen Betriebe in individueller Weise Rechnung zu tragen.

Der Grundsatz der Bewertungsfreiheit ist im Ausland bereits zum Teil verwirklicht worden. So gibt es z. B. in der Südafrikanischen Union für die gesamte Unter- und Übertageausstattung von Gewinnungsbetrieben, die nach dem 28. 2. 1946 begonnen worden sind, keine Aktivierungspflicht. Bei bestehenden Anlagen sind die Kosten aller Neuanschaffungen als Betriebsausgaben zu behandeln, ebenso wie die Kosten für die Ausrichtung und Vorrichtung. In den USA braucht der Investitionsaufwand nicht in vollem Umfang aktiviert zu werden. Hier können alle Aufwendungen für die erstmalige Aus- und Vorrichtung (development expenditures) sofort in voller Höhe als Betriebsausgaben abgezogen werden. Daneben bestehen erhöhte Abschreibungsmöglichkeiten in Form der depletion allowance (Substanzabschreibung) und der percentage depletion (Absetzungen in Prozentsätzen vom Bruttoeinkommen)[57]. Soweit in anderen Ländern Aktivierungspflicht besteht, wird eine Milderung vielfach ebenfalls durch bessere Abschreibungsmöglichkeiten erreicht.

Es wird nicht verkannt, daß das deutsche Einkommensteuerrecht, abgesehen von der aus Vereinfachungsgründen geschaffenen Bewertungsfreiheit für geringwertige Wirtschaftsgüter nach § 6 Abs. 2 EStG, die volle Bewertungsfreiheit bisher nirgends verwirklicht hat. Trotzdem erscheint es berechtigt, im Bergbau für die Wirtschaftsgüter des Anlagevermögens unter Tage die volle Bewertungsfreiheit einzuführen, wenn man sich noch einmal die wesentlichen Faktoren vergegenwärtigt, die auf die Wertbildung dieser Wirtschaftsgüter Einfluß haben. Diese Faktoren wurden bereits in der Einleitung des Abschnitts „Steuern nach dem Vermögen und der Lohnsumme" aufgezählt[58], wo auch die rechtliche Sonderstellung des Bergbaus erörtert wurde. Es darf hier auf diese Zusammenstellung verwiesen werden.

Wir sind deshalb der Meinung, daß die volle Bewertungsfreiheit für Untertageanlagen eine bergbaugerechte Lösung darstellen würde. Die

---

[57] Vgl. Eßer-Merten, „Steuern in den USA", Heft 40 der Schriftenreihe des Instituts „Finanzen und Steuern", S. 66, 67.
[58] Vgl. Abschnitt A. III. 1. b).

Bewertungsfreiheit würde es ermöglichen, die Untertageanlagen unter Berücksichtigung der oben aufgeführten typischen Risiken, Belastungen und Betriebserschwernissen des Bergbaus mit den Werten anzusetzen, die ein vorsichtiger Kaufmann verantworten kann. Sie würde es den Unternehmen gestatten, den besonderen Verhältnissen innerhalb der einzelnen Betriebe individuell Rechnung zu tragen. Die Bewertungsfreiheit würde außerdem eine übersichtliche und einfache Handhabung herbeiführen und wäre damit als ein Schritt zur Verwaltungsvereinfachung zu begrüßen. In die Bewertungsfreiheit könnten die Maschinen allerdings nur insoweit einbezogen werden, als sie den bergbaulichen Besonderheiten unterliegen, d. h. von den Verhältnissen der Lagerstätte abhängen.

(3) Die derzeitige einkommen- und körperschaftsteuerliche Behandlung der *Rückstellungen für Bergschäden* trägt den Besonderheiten der Gewinnungsbetriebe des Steinkohlenbergbaus Rechnung. Eine ins einzelne gehende Würdigung ist deshalb entbehrlich.

(4) Um den Gewinnungsbetrieben des Steinkohlenbergbaus die Ansammlung von Reserven zu ermöglichen, ist zu erwägen, eine steuerfreie Rücklage *(Bergbaurücklage)* zuzulassen.

Die bisher vorgeschlagenen steuerlichen Maßnahmen finden ihre Grenze in den ursprünglichen Anschaffungs- oder Herstellungskosten der Wirtschaftsgüter. Eine Reihe von für den Bergbau typischen Faktoren zwingt die Betriebe aber gerade, immer höhere, über die ursprünglichen Anschaffungs- oder Herstellungskosten hinausgehende Beträge einzusetzen. Es sind dies Faktoren, die sich in Industriebetrieben im allgemeinen nicht finden.

So müssen die Betriebe der Kohlegewinnung infolge ihrer Bindung an die Lagerstätte ständig horizontal und vertikal verlegt werden. Die Zechen müssen in immer tiefere und immer ungünstiger gelagerte Felder vordringen. Die Durchschnittsteufe der Schachtanlagen des Ruhrreviers hat im Jahre 1892 408 m betragen und ist auf 838 m im Jahre 1956 gestiegen.

Der steigende Investitionsbedarf ist ferner durch die steigenden Wiederbeschaffungspreise bedingt. Die nachteiligen Folgen steigender Wiederbeschaffungspreise sind zwar nicht auf den Bergbau beschränkt, sondern stellen ein allgemeines Problem dar. Sie werden jedoch beim Bergbau durch die Kapitalintensität und die Langfristigkeit der Anlagen verstärkt. Die Langfristigkeit wird besonders deutlich, wenn man sich den Zeitpunkt der Inbetriebnahme der heute fördernden Schachtanlagen des Ruhrreviers vor Augen hält. Von den Ende 1959 fördernden Anlagen sind

43 in der Zeit von 1736 bis 1860,
33 in der Zeit von 1861 bis 1900,
31 in der Zeit von 1900 bis 1914,
6 in der Zeit von 1916 bis 1930,
9 in der Zeit von 1932 bis 1954,
0 in der Zeit von 1955 bis 1959

in Betrieb genommen worden.

Weiter sind die Gewinnungsbetriebe gezwungen, hohe Mittel infolge der bergbaulichen Risiken einzusetzen. So lassen sich Lage und Beschaffenheit eines Vorkommens nie mit Sicherheit im voraus bestimmen. Die Gefahr von Grubenbränden, schlagenden Wettern, Wassereinbrüchen usw. ist erheblich. Sie kann zu Verlusten führen, die an Umfang und Häufigkeit über das sonst in der Industrie übliche Maß hinausgehen. Soweit diese Gefahren zu Schäden Dritter führen, werden dafür Bergschädenrückstellungen gebildet. Soweit Verluste an Wirtschaftsgütern des Untertagevermögens eintreten, wird dem durch die vorgeschlagene Bewertungsfreiheit Rechnung getragen. Darüber hinaus treten aber durch die Unterbrechung der Förderung, durch Aufwendung für Rettungsmaßnahmen, Lohnfortzahlung usw. beträchtliche Verluste ein. Der hierbei anfallende Geldbedarf ist in seinem Umfang oft erheblich und muß innerhalb eines kurzen Zeitraums befriedigt werden.

Aus allen diesen Gründen müssen die Betriebe der Steinkohlengewinnung Reserven ansammeln. Dies ist ihnen infolge ihrer geringen Erträge ohnehin sehr erschwert. Um eine Ansammlung von Reserven zu ermöglichen, wird deshalb vorgeschlagen, die Übertragung eines Teils des Gewinns in einer steuerfreien Rücklage zu ermöglichen. Diese Rücklage könnte als Bergbaurücklage bezeichnet werden.

Die Rücklage müßte den individuellen Verhältnissen der Betriebe möglichst weitgehend Rechnung tragen. Anhaltspunkte für ihre Bemessung könnten u. a. die Fördermenge oder das Kapital abgeben.

Die Verwendungsmöglichkeit der Bergbaurücklage würde aus ihrer Zweckbestimmung folgen, die Kosten der eingangs aufgeführten Besonderheiten der Kohlegewinnung mit abzufangen. Die Rücklage dürfte damit erfolgsneutral für Mehrinvestitionen infolge des fortschreitenden Abbaus in ungünstigere geologische Verhältnisse für Aufwendungen zur Erschließung neuer Vorkommen, für Ausgaben zur Substanzerhaltung der bergbaulichen Wirtschaftsgüter und für die aus den bergbaulichen Risiken herrührenden Schäden aufgelöst werden, soweit letztere nicht die Anlagen selbst oder Dritte betreffen. Eine erfolgswirksame Auflösung der Rücklage hätte dagegen zu erfolgen, wenn sie für andere Zwecke eingesetzt oder trotz längeren Zeitablaufs überhaupt nicht verwendet wird.

(5) Um die einkommen- und körperschaftsteuerliche Behandlung den Besonderheiten der Gewinnungsbetriebe des Steinkohlenbergbaus völlig anzupassen, müßte auch der *Verlustvortrag* erweitert werden, denn alle Maßnahmen, die bisher vorgeschlagen wurden, kommen nicht zum Tragen, wenn das Bergwerk über einen längeren Zeitraum ohne Gewinn arbeitet. Dies ist aber gerade wegen der hohen Aufwendungen bei der Erschließung neuer Vorkommen und wegen der geringen Erträge beim Anlaufen der Förderung häufig der Fall. So kostet z. B. eine Schachtanlage des Steinkohlenbergbaus mit einer Kapazität von 10 000 t Tagesförderung 400 bis 600 Mill. DM. Die Arbeiten bis zur Aufnahme der Förderung dauern 10 bis 15 Jahre.

Nach dem jetzigen Rechtsstand können die Gewinnungsbetriebe gem. § 10 d EStG die Verluste der fünf vorangegangenen Veranlagungszeiträume wie Sonderausgaben vom Gesamtbetrag der Einkünfte abziehen, soweit ihnen ein Ausgleich oder Abzug der Verluste in den vorangegangenen Veranlagungszeiträumen nicht möglich war. Diese Begrenzung des Verlustvortrags (Verlustabzugs) auf 5 Jahre ist für die Gewinnungsbetriebe zu eng, da zwischen der Inangriffnahme eines Vorkommens und dem Beginn der Förderung oft sehr lange Zwischenräume liegen, die, wie soeben aufgezeigt, bis zu 15 Jahren betragen. Auch nach der Aufnahme der Förderung ist noch nicht sofort mit Gewinn zu rechnen.

Während dieser ganzen Zeit entstehen für den Betrieb laufend Verluste. Diese Verluste treffen ihn umso härter, als er bedeutende Kapitalmengen einsetzen muß, die sich auf lange Jahre nicht verzinsen.

Aus diesen Gründen halten wir es für erforderlich, den Verlustvortrag (Verlustabzug) des geltenden Einkommensteuerrechts für die Gewinnungsbetriebe des Steinkohlenbergbaus auf einen längeren Zeitraum, etwa 10 bis 15 Jahre, auszudehnen.

(6) Im ausländischen Steuerrecht, insbesondere in den angelsächsischen Ländern, findet sich neben dem Verlustvortrag auch der *Verlustrücktrag* (carry back)[59]. Durch den Verlustrücktrag wird es dem Steuerpflichtigen ermöglicht, Verluste auszugleichen, wenn Verlustjahre den Jahren mit hohen Gewinnen und infolgedessen hoher Steuerbelastung folgen. Das deutsche Steuerrecht kennt den Verlustrücktrag nicht. Deutsche Unternehmen müssen daher auf Gewinne hohe Steuern auch dann zahlen, wenn die Gewinne wirtschaftlich in den Folgejahren durch Verluste aufgezehrt werden. Das Institut hat sich deshalb schon immer für die Einführung des Verlustrücktrages in das deutsche Steuerrecht eingesetzt[60]. Für

---

[59] Vgl. z. B. für USA: Eßer-Merten, „Steuern in den USA", Heft 40 der Schriftenreihe des Instituts „Finanzen und Steuern", S. 71 f.
[60] Vgl. hierzu die Denkschrift „Grundlagen und Möglichkeiten einer organischen Finanz- und Steuerreform", Heft 30 der Schriftenreihe des Instituts „Finanzen und Steuern", Bd. 1 S. 92, Bd. 2 S. 34.

den Bergbau werden in diesem Gutachten in erster Linie die Bewertungsfreiheit und die Zulassung von Rücklagen für erforderlich gehalten. Es gibt aber auch Fälle, in denen Rücklagen nicht oder nicht in ausreichender Höhe gebildet werden können und in denen dann auf ein Jahr mit Gewinn mehrere Verlustjahre folgen. In solchen Fällen könnte die entstandene hohe Steuerbelastung der Bergwerksunternehmen durch die Zulassung des Verlustrücktrags gemildert werden.

Dem Verlustrücktrag könnte im Rahmen der Einführung einer bergbaugerechten Besteuerung darüber hinaus eine weitere wichtige Funktion zukommen. Wenn von der augenblicklichen Besteuerung des Bergbaus abgegangen und neue Regelungen eingeführt werden, so würden diese sich nur für die Zukunft auswirken. Würde dagegen — sei es auch nur für einen Übergangszeitraum — ein Verlustrücktrag zugelassen, so könnten dadurch auch in der Vergangenheit entstandene Härten beseitigt werden.

b) Gewerbeertragssteuer

aa) Nach *geltendem Recht* wird die Gewerbeertragssteuer auf der Grundlage des Gewerbeertrages ermittelt. Wie dargestellt[61], ist Gewerbeertrag der nach den Vorschriften des Einkommensteuergesetzes oder des Körperschaftsteuergesetzes zu ermittelnde Gewinn aus Gewerbebetrieb, vermehrt um die Hinzurechnungen des § 8 GewStG und vermindert um die Kürzungen des § 9 GewStG. Sonderregelungen für die Ermittlung der Gewerbeertragssteuer der Unternehmen des Steinkohlenbergbaus bestehen nicht. Die bei der Körperschaftssteuer dargestellten Sonderregelungen wirken sich allerdings wegen der Verknüpfung von Gewinn und Gewerbeertrag auch auf die Gewerbeertragsteuer aus.

bb) Eine ins einzelne gehende *Würdigung* des geltenden Gewerbeertragssteuerrechts ist entbehrlich. Die Vorschläge für die Einkommen- und Körperschaftsteuer werden ihre Wirkung auch bei der Gewerbeertragsteuer zeigen und die Gewerbeertragsteuer damit den Besonderheiten der Gewinnungsbetriebe des Steinkohlenbergbaus anpassen.

Darüber hinaus ist allerdings festzustellen, daß die häufig kritisierten Folgen der Hinzurechnung von Dauerschuldzinsen nach § 8 Ziff. 1 GewStG sich bei den Gewinnungsbetrieben des Steinkohlenbergbaus wegen ihrer Kapitalintensität und der Langfristigkeit der Anlagen besonders stark bemerkbar machen. Es sei deshalb in diesem Zusammenhang auf die allgemeinen Bestrebungen hingewiesen, die eine wesentliche Einschränkung der Hinzurechnungen von Dauerschuldzinsen vorschlagen[62].

---

[61] Vgl. Abschnitt B. I. 2.
[62] Vgl. „Grundlagen und Möglichkeiten einer organischen Finanz- und Steuerreform", Heft 30 der Schriftenreihe des Instituts „Finanzen und Steuern", Bd. 3, S. 45.

2. Die ertragsabhängigen Steuern in der Mineralölwirtschaft

Bei den Unternehmen der Mineralölwirtschaft finden sich auf dem Gebiet der ertragsabhängigen Steuern für die Bereiche der *Verarbeitung* (Raffinerie) und des *Vertriebs* (Handels) ebenfalls keine Besonderheiten. Bei den Betrieben der Verarbeitung handelt es sich um Industriebetriebe. Die Anwendung des Körperschaft- und Gewerbesteuergesetzes führt zu keinen besonderen Verzerrungen. Entsprechendes gilt für den Handel. Einer besonderen Erörterung bedarf dagegen das Gebiet der *Erdölgewinnung*. Untersuchungen hierüber werden im folgenden unter a) für die Körperschaftsteuer und unter b) für die Gewerbeertragsteuer angestellt. Dabei wird jeweils zunächst eine Beschreibung des geltenden Rechts gegeben, an die sich eine Würdigung und die Darstellung von Abänderungsmöglichkeiten anschließen.

a) Körperschaftsteuer

aa) Nach *geltendem Recht* bemißt sich die Körperschaftssteuer der Unternehmen der Erdölgewinnung nach dem Einkommen, das sie innerhalb eines Kalenderjahres bezogen haben. Wie dargestellt, bestimmt sich die Ermittlung des Einkommens auch hier nach den Vorschriften des EStG und der §§ 7 bis 16 KStG, wobei die folgenden, oben bereits näher beschriebenen Sonderregelungen zu beachten sind[63]:

die Hannoverschen Grundsätze,
der Erlaß über die ertragsteuerliche Behandlung von Auslandsbeteiligungen deutscher Erdölunternehmen, auf den allerdings erst später in einem anderen Zusammenhang eingegangen wird.

Besonderheiten für die Einkommensermittlung der Betriebe der Erdölgewinnung ergeben sich bei der Bewertung folgender typischer Bilanzpositionen:

(1) Erdölgerechtsame
(2) Bohrungen
(3) Rückstellungen für Verfüllungskosten
(4) Rückstellungen für Kosten der Feldesräumung.

(1) Auf das Wesen der *Erdölgerechtsame* wurde bei der Erörterung der ertragsunabhängigen Steuern bereits eingegangen[64]. Ausgangspunkt für die körperschaftssteuerliche Bewertung der Erdölgerechtsame sind die Werte der DMEB[65]. Auf diese Werte wurden Abschreibungen zuge-

---
[63] Vgl. Abschnitt B. I. 1.
[64] Vgl. Abschnitt A. III. 2. b) aa) (1).
[65] Über die Probleme bei der Berechnung der Werte der DMEB vgl. Fränzel: „Die Bewertung der Erdölgerechtsame", in DB 1952, S. 701 (703).

lassen, so daß die Gerechtsame heute weitgehend abgeschrieben sind. Neu erworbene Gerechtsame werden bei originärem Erwerb auf der Grundlage der Verleihungsgebühren des Oberbergamts sowie der Gebühren für etwaige Grundbucheintragungen und Beurkundungen aktiviert. Erfolgt ein derivativer Erwerb, so sind die Anschaffungskosten anzusetzen. In diesem Fall ist später eine Abschreibung nach § 7 Abs. 2 EStG (Substanzabschreibung) möglich. Laufend zu zahlende Wartegelder und Förderzinsen werden weder bei originären noch bei derivativem Erwerb aktiviert.

(2) Das Erdöl lagert in Feldern. Es wird heute durch *Bohrungen* erschlossen und gefördert, wobei sich auf einem Felde meist mehrere Bohrungen befinden. Die Erdölförderung im Wege des Untertagebaus, die noch in den Grundsätzen für die Einheitsbewertung der Erdölindustrie von 1937 eine Rolle spielte[66] ist heute unbedeutend und nicht mehr typisch.

Grundlage für die körperschaftsteuerliche Bewertung sind nicht die Felder, sondern die einzelnen Bohrungen. Ihre Bewertung erfolgt nach den dafür aufgewendeten Kosten. Dabei gilt das folgende: Die Kosten für geophysikalische Untersuchungen, für Schürfbohrungen und für Untersuchungsbohrungen können sofort als Aufwand verbucht werden.

Die Kosten für Tiefbohrungen[67] sind in voller Höhe zu aktivieren. Stellt sich heraus, daß sie aussichtslos waren (Fehlbohrungen), so können sie ebenfalls sofort abgesetzt werden.

Die erfolgreichen Tiefbohrungen, die nach dem 30. 6. 1957 fündig geworden sind, werden nach bestimmten in den Hannoverschen Grundsätzen festgelegten Sätzen in einem Zeitraum von 8 Jahren abgeschrieben, wenn die Bohrungen nicht vorher endgültig eingestellt werden. Sind die Bohrungen nach Ablauf der 8 Jahre noch ergiebig, so werden trotzdem keine Restwerte angehalten.

Bei erfolgreichen Tiefbohrungen, die vor dem 30. 6. 1957 fündig waren, erfolgt die Abschreibung in Anlehnung an die Regelungen in den Grundsätzen für die Einheitsbewertung der Erdölindustrie[68].

(3) Die Unternehmen der Erdölgewinnung sind verpflichtet, nach Beendigung der Bohrungen die Bohrlöcher zu verfüllen. Es sind daher *Rückstellungen für Verfüllungskosten* zugelassen.

---

[66] Abschnitt G: „Bewertung von Bohr- und Schachtanlagen", vgl. Abschnitt A. I. 1. a) und A. III. 2. b) aa).
[67] Man unterscheidet
        Aufschlußbohrungen,
        Erweiterungsbohrungen,
        Produktionsbohrungen.
Mit den „Tiefbohrungen" der Hannoverschen Grundsätze sind Produktionsbohrungen gemeint.
[68] Vgl. Abschnitt A. I. 1. a) und A. III. 2. b) aa) (1) am Ende.

Bei fündigen Bohrungen wird zunächst eine Rückstellung in Höhe der voraussichtlichen Kosten der Verfüllung ausgewiesen. Da diese Kosten erst in einem späteren Zeitraum anfallen, wird ein Korrektivposten in gleicher Höhe auf der Aktivseite der Bilanz gebildet, der in Anlehnung an die durchschnittliche Nutzungsdauer in einem Zeitraum von 8 Jahren linear zu Lasten des Gewinns abgeschrieben wird. Damit soll zugleich eine Abzinsung abgegolten sein.

Bei Fehlbohrungen kan der Betrag der voraussichtlichen Verfüllungskosten in voller Höhe zu Lasten des Gewinns des Jahres verbucht werden, in dem sich die Bohrung als Fehlbohrung erweist.

(4) Nach Einstellung der Gewinnung müssen die Unternehmen darüber hinaus die Kosten der *Feldesräumung* tragen. Auch hierfür werden Rückstellungen gebildet. Einheitliche Grundsätze für ihre Berechnung bestehen nicht. Die Höhe der Rückstellungen ergibt sich aus den Besonderheiten des Einzelfalles.

bb) Einer *Würdigung* des geltenden Rechtszustands auf dem Gebiete der Körperschaftssteuer und der Entwicklung von Änderungsvorschlägen sind folgende allgemeine Erwägungen voranzustellen: Die in den Hannoverschen Grundsätzen getroffenen Regelungen haben nicht das Gewicht und nicht den Rang eines Gesetzes. Dadurch können sich für die erdölgewinnende Industrie Unsicherheiten ergeben. Es wird jedoch für vertretbar gehalten, auf diesem Gebiete in der nächsten Zeit weiterhin in erster Linie mit Verwaltungsregelungen zu arbeiten, da es sich bei der Erdölgewinnung um einen jungen in der Entwicklung begriffenen Wirtschaftszeig handelt, für den erst noch hinreichende Erfahrungen gesammelt werden müssen. Inhaltlich sind die Hannoverschen Grundsätze klar und übersichtlich. Im Ganzen gesehen werden sie den natürlichen und wirtschaftlichen Besonderheiten der Erdölgewinnung gerecht. Inwieweit im einzelnen Änderungen und Ergänzungen notwendig erscheinen, wird im folgenden erörtert, wobei eingegangen wird auf:

(1) die Erdölgerechtsame
(2) die Bohrungen
(3) die Rückstellungen für Verfüllungskosten
(4) die Rückstellungen für Feldesräumung
(5) eine Rücklage
(6) einen erweiterten Verlustvortrag und
(7) einen Verlustrücktrag.

(1) Die in der DM-Eröffnungsbilanz aktivierten *Erdölgerechtsame* sind heute weitgehend abgeschrieben, so daß sich bei diesen Gerechtsame Erörterungen erübrigen. Gegen den Ansatz der nach dem Stichtag der DM-Eröffnungsbilanz derivativ (durch Rechtsgeschäft) erworbenen Gerechtsame mit dem dafür bezahlten Entgelt läßt sich nichts einwen-

den. Das vom Erwerber geleistete Entgelt läßt sich bestimmen. Eine Aktivierung entspricht dem System des Einkommen- und Körperschaftsteuerrechts.

Die Aktivierung der nach dem Stichtag der DM-Eröffnungsbilanz originär erworbenen Gerechtsame auf der Grundlage der Verleihungsgebühren des Oberbergamts sowie der Gebühren für etwaige Grundbucheintragungen und Beurkundungen schließlich belastet die Betriebe der Erdölgewinnung bei der geringen Höhe der in Betracht kommenden Beträge an sich nicht. Wir sind jedoch der Meinung, daß zwischen den Verleihungs-, Eintragungs- und Beurkundungsgebühren und dem Wert der Erdölgerechtsame kein Zusammenhang besteht. Deshalb und aus den bei der Untersuchung der körperschaftsteuerlichen Behandlung des Mineralgewinnungsrechts im Steinkohlenbergbau im einzelnen dargestellten Gründen[69], die in gleicher Weise auch für die Erdölgerechtsame gelten, schlagen wir vor, von einer Aktivierung der originär erworbenen Erdölgerechtsame überhaupt abzusehen.

(2) Die *Bohrungen* erfüllen bei der Erdögewinnung in einem gewissen Umfang die Funktionen, denen bei der Steinkohle das Anlagevermögen unter Tage dient. Für das Anlagevermögen unter Tage wurde beim Steinkohlenbergbau auf dem Gebiet der Körperschaftsteuer Bewertungsfreiheit vorgeschlagen[70]. Die dafür vorgetragenen Gründe gelten zu einem Teil auch für die Bohrungen. Wenn trotzdem davon abgesehen wird, den gleichen Vorschlag für die Bohrungen zu machen, so geschieht das deshalb, weil die in den Hannoverschen Grundsätzen vorgesehene Bewertung der Bohrungen und die großzügig bemessenen Abschreibungen im ganzen gesehen den Besonderheiten der Erdölgewinnung hinreichend Rechnung tragen.

(3) Die dargestellte Regelung der Rückstellungen für *Verfüllungskosten* kann zur Zeit ebenfalls als ausreichend angesehen werden, so daß sich eine weitere Erörterung insoweit erübrigt.

(4) Das Gleiche gilt hinsichtlich der *Rückstellungen für die Kosten der Feldesräumung.*

(5) Bei der Würdigung der körperschaftsteuerlichen Behandlung der Betriebe der Steinkohlengewinnung wurde aufgezeigt, daß dort die Zulassung einer *Rücklage* (Bergbaurücklage) notwendig ist, um den Unternehmen ein Vordringen in ungünstigere geologische Lagen und Neuaufschlüsse in einem für ihren Fortbestand und die Volkswirtschaft als Ganzes hinreichenden Maße finanziell zu ermöglichen[71]. Die Gründe, die zu diesem Vorschlag geführt haben, gelten — mit den durch die andere

---
[69] Vgl. Abschnitt B. III. 1. a) bb) (1).
[70] Vgl. Abschnitt B. III. 1. a) bb) (2).
[71] Vgl. Abschnitt B. III. 1. a) bb) (4).

Technik bedingten Abweichungen — auch für die Betriebe der Erdölgewinnung. Auch hier wird das Mineral-(Erdöl-)vorkommen durch die Förderung verbraucht. Die Betriebe sind gezwungen, neue Felder aufzuschließen. Die Aufschlüsse sind mit hohen Risiken und enormen Unkosten verbunden. Es wurde bereits darauf hingewiesen[72], daß der internationale Durchschnitt 9 von 10 Bohrungen als Fehlbohrungen ausweist. Dieser Durchschnitt gilt auch für die inländische Erdölgewinnung. Nur $^1/_{10}$ aller Bohrungen wird also fündig. Die Kosten dieser Bohrungen sind selbstverständlich unterschiedlich, erreichen aber mit fortschreitender Entwicklung der Erdölgewinnungsbetriebe immer größere, zum Teil außergewöhnliche Höhen. Die Risiken, unter denen die Erdölgewinnung beim Aufschluß arbeiten muß, sind daher sehr hoch und belasten die wirtschaftlichen Ergebnisse von Jahr zu Jahr verschieden. Um eine gleichmäßige Verteilung zu erreichen und um den Unternehmen die Ansammlung von Reserven für zukünftige Aufschlußarbeiten zu ermöglichen, halten wir es deshalb für notwendig, daß die Bildung von steuerfreien Rücklagen zugelassen wird. Als Bemessungsgrundlage für die Rücklage könnte z. B. die Fördermenge oder das Kapital der Unternehmen herangezogen werden. Die in den Rücklagen angesammelten Mittel müßten innerhalb eines bestimmten Zeitraums für Aufschlußarbeiten oder Förderbohrungen verwandt werden. Nach Ablauf der Frist hätte anderenfalls eine erfolgswirksame Auflösung zu Lasten des Gewinns zu erfolgen.

Die Zulassung derartiger Rücklagen wird besonders dringlich, da die internationalen Vertragsvereinbarungen wesentliche Zollsenkungen in Aussicht nehmen und damit den zur Zeit für das inländische Rohöl bestehenden Zollschutz erheblich vermindern. Dann wird die inländische Erdölgewinnung gezwungen sein, in vollem Umfang in Wettbewerb mit den Importölen zu treten, die unter weitaus günstigeren geologischen Bedingungen gefördert werden. Selbst das klassische Land des Erdöls, die USA, haben seit jeher Maßnahmen getroffen, um ihre Inlandsproduktion gegenüber den Importen aus den billigen Erdölländern aufrechterhalten zu können. Dies ist nicht nur durch Zollbestimmungen geschehen, sondern auch durch Kontingentierungen und Vergünstigung bei der Gewinnbesteuerung.

(6) Für die Gewinnungsbetriebe des Steinkohlenbergbaus wurde im Hinblick auf die langen Anlaufzeiten der Anlagen ein erweiterter *Verlustvortrag* vorgeschlagen[73]. Die Anlaufzeiten bis zur Förderung sind zwar auch bei der Erdölgewinnung sehr lang. Sie erreichen jedoch nicht das Ausmaß wie beim Steinkohlenbergbau. Es kann deshalb bei der

---
[72] Vgl. Abschnitt A. III. 2. b).
[73] Vgl. Abschnitt B. III. 1. a) bb) (5).

Erdölindustrie wohl von einer Verlängerung des Verlustvortrags abgesehen werden.

(7) Auch die Einführung eines — unter Umständen zeitlich begrenzten — *Verlustrücktrags* für die Betriebe der Erdölgewinnung erscheint entbehrlich. Die derzeitige steuerliche Behandlung dieser Betriebe wird im Ganzen gesehen ihren wirtschaftlichen Besonderheiten gerecht. Auch bei der Einführung der in dieser Untersuchung noch für notwendig gehaltenen Verbesserungen in der Besteuerung würden gegenüber dem derzeitigen Rechtszustand nicht solch starke Unterschiede auftreten, daß Fehler der Vergangenheit zumindest für einen bestimmten Zeitraum durch einen Verlustrücktrag ausgeglichen werden müßten.

b) *Gewerbeertragsteuer*

aa) Nach *geltendem Recht* wird die Gewerbe-Ertragsteuer auf der Grundlage des Gewerbeertrags ermittelt. Wie dargestellt[74] ist Gewerbeertrag der nach den Vorschriften des EStG oder des KStG zu ermittelnde Gewinn aus Gewerbebetrieb, vermehrt um die Hinzurechnungen des § 8 GewStG und vermindert um die Kürzungen des § 9 GewStG. Sonderregelungen für die Ermittlung der Gewerbeertragsteuer der Unternehmen der Erdölgewinnung bestehen nicht. Allerdings wirken sich die bei der Körperschaftsteuer dargestellten Sonderregelungen auch auf die Gewerbeertragsteuer aus.

bb) Eine *Würdigung* des geltenden Ertragsteuerrechts ist damit wegen der aufgezeigten Verknüpfung von Körperschaftsteuer und Gewerbeertragsteuer entbehrlich. Die Vorschläge für die Körperschaftsteuer wirken sich auch bei der Gewerbeertragsteuer aus.

Auf das Problem der Hinzurechnung von Dauerschuldzinsen nach § 8 Ziff. 1 GewStG wurde bereits beim Steinkohlenbergbau hingewiesen[75]. Ebenfalls erörtert wurde die Hinzurechnung des an den „Verpächter" zu zahlenden Förderzinses nach § 8 Ziff. 7 GewStG[76].

---

[74] Vgl. Abschnitt B. I. 2.
[75] Vgl. Abschnitt B. III. 1. b) bb).
[76] Vgl. Abschnitt A. III. 2. b) aa) (2).

C. Der Einfluß von internationalen Verflechtungen der Unternehmen auf den Wettbewerb der Energieträger in steuerlicher Sicht

Eine Untersuchung über steuerlich bedingte Wettbewerbsverzerrungen auf dem Energiemarkt würde unvollständig sein, wenn sie nicht wenigstens einen Ausblick auf die möglichen steuerlichen Auswirkungen der internationalen Verflechtung von Unternehmen geben würde. Wir sehen hierbei von dem Versuch ab, die Möglichkeiten von Gewinnverlagerungen infolge solcher internationaler Verflechtung zu untersuchen, da hierfür exaktes Material nicht vorliegt. Infolgedessen beschränken wir uns auf eine Darstellung derjenigen steuerlichen Auswirkungen, für die wenigstens gewisse Unterlagen vorhanden sind. Hierbei ist zu unterscheiden zwischen:

I. Ausländischen Beteiligungen an deutschen Unternehmen und
II. Deutschen Beteiligungen an ausländischen Unternehmen.

I. Ausländische Beteiligungen an deutschen Unternehmen

Ein Ausblick auf die steuerlichen Auswirkungen ausländischer Beteiligungen an deutschen Unternehmen ist besonders für eine Beurteilung der steuerlichen Verzerrungen auf dem Energiemarkt wichtig, da die überwiegende Zahl der großen Mineralölgesellschaften in ausländischer Hand ist und auch im Steinkohlenbergbau nicht unerhebliche ausländische Beteiligungen bestehen[77].

Durch ausländische Beteiligungen können sich Probleme auf allen steuerlichen Gebieten ergeben. Die weitaus schwerwiegendsten Folgen treten jedoch bei den Gewinnsteuern auf. Die Darstellung beschränkt sich deshalb auf dieses Gebiet und behandelt hier

---

[77] Das Statistische Bundesamt führt eine Beteiligungskartei, in der für jede Aktiengesellschaft der Bundesrepublik die Aktiv-und Passiv-Beteiligungen aufgezeichnet sind, soweit sie aus den verschiedensten Quellen bekannt geworden sind. Eine Untersuchung über das Eigentum am Kapital der Aktiengesellschaften ist an Hand dieser Kartei nach Wirtschaftsgruppen gegliedert letztmalig für den Stand von Ende September 1958 durchgeführt worden. Auf die Ergebnisse dieser Untersuchung, die in „Wirtschaft und Statistik", Heft 2, 1959, S. 77 veröffentlicht sind, darf hier Bezug genommen werden. Vgl. auch die — allerdings nicht nach Wirtschaftsgruppen aufgegliederte — neuere Untersuchung über das Eigentum am Kapital der deutschen Aktiengesellschaften in „Wirtschaft und Statistik", Heft 5, 1961, S. 282 f.

1. Die Auswirkungen des gespaltenen Körperschaftsteuersatzes
2. die Zulässigkeit der Abschreibung ausländischer Beteiligungen.

1. Die Auswirkungen des gespaltenen Körperschaftsteuersatzes

Auch die Unternehmen des Steinkohlenbergbaus oder der Mineralölwirtschaft, deren Anteile sich ganz oder in erheblichem Umfang in ausländischer Hand befinden, sind in der Form inländischer Kapitalgesellschaften organisiert. Sie unterliegen in vollem Umfang dem deutschen Steuerrecht. Die ausländische Beteiligung wirkt sich also bei der Besteuerung der Gesellschaften selbst nicht aus. Die Auswirkungen zeigen sich jedoch bei der steuerlichen Behandlung der Anteilseigner, insbesondere dann, wenn diese wesentliche Beteiligungen (Beteiligungen von mindestens 25 vH) halten. Dies ist bereits mehrfach Gegenstand von Erörterungen im Deutschen Bundestag gewesen[78].

Nach § 19 KStG hat eine inländische Kapitalgesellschaft für ihren ausgeschütteten Gewinn 15 vH Körperschaftsteuer zu zahlen. Sind mindestens 25 vH der Anteile dieser Gesellschaft (Untergesellschaft) in der Hand einer anderen inländischen Kapitalgesellschaft (Obergesellschaft), so bleibt der Zufluß der von der Untergesellschaft ausgeschütteten Beträge bei der Obergesellschaft auf Grund des Schachtelprivilegs des § 9 Abs. 1 KStG zunächst außer Ansatz. Schüttet die Obergesellschaft die ihr zugeflossenen Beträge nicht an ihre Anteilseigner aus, sondern sammelt sie die Mittel an, so muß sie darauf jedoch nach § 9 Abs. 3 KStG eine Nachsteuer in Höhe von 36 vH zahlen. Der Gewinn ist daher im Endergebnis in diesem Fall mit 51 vH Körperschaftsteuer belastet, wenn es sich bei der Obergesellschaft um eine inländische Kapitalgesellschaft handelt.

Handelt es sich bei der Obergesellschaft dagegen um ein ausländisches Unternehmen, so ändert sich das Bild. Auch hier hat die inländische Untergesellschaft für ihren ausgeschütteten Gewinn zunächst 15 vH Körperschaftsteuer zu zahlen. Dagegen unterliegen die Ausschüttungen bei der ausländischen Obergesellschaft nicht der Nachsteuer in Höhe von 36 vH, auch wenn sie dort angesammelt werden. Vielmehr ist hier das deutsche Besteuerungsrecht durch die in den einzelnen Doppelbesteuerungsabkommen festgelegten Höchstsätze für die Erhebung der Kapitalertragsteuer begrenzt. Diese Höchstsätze betragen zur Zeit:

---

[78] Vgl. Deutscher Bundestag, 3. Wahlperiode, Drucksache 448, zu 448 u. 1779.

für Ausschüttungen nach Kanada .... 15 vH a)
für Ausschüttungen nach USA .... 15 vH b)
für Ausschüttungen nach Großbritannien .... 15 vH c)
für Ausschüttungen nach den Niederlanden .... 25 vH d)
für Ausschüttungen nach Luxemburg .... 25 vH e)
für Ausschüttungen nach Frankreich .... 25 vH f)

a) Art. VI des Doppelbesteuerungsabkommens vom 4. Juni 1956 (BGBl. 1957 II S. 187)
b) Art. VI des Doppelbesteuerungsabkommens vom 22. Juli 1954 (BGBl. 1954 II S. 1118)
c) Art. VI des Doppelbesteuerungsabkommens vom 4. Mai 1955 (BGBl. 1955 II S. 611)
d) Art. 13 des Doppelbesteuerungsabkommens vom 16. Juni 1959 (BGBl. 1960 II S. 1781) sieht noch einen Satz von 10 vH vor. Er ist jedoch durch das Schlußprotokoll auf 25 vH erhöht (Ziff. 186).
e) Art. 13 des Doppelbesteuerungsabkommens vom 22. August 1958 (BGBl. 1958 II S. 1270) sieht noch einen Satz von 10 vH vor. Er ist ebenfalls durch ein Schlußprotokoll (Ziff. 21 b) auf 25 vH erhöht.
f) Art. 9 des Doppelbesteuerungsabkommens vom 21. Juli 1959 (BGBl. 1961 II S. 397).

Es schweben Verhandlungen, in den Fällen, in denen die Sätze noch bei 15 vH liegen, eine Erhöhung auf 25 vH zu erreichen. Selbst wenn man aber von einem Steuersatz von 25 vH ausgeht, so ergibt sich für die an ausländischen Kapitalgesellschaften ausgeschütteten Gewinne im Endergebnis nur eine deutsche Steuerbelastung von 40 vH. Die Steuerbelastung liegt damit selbst in diesen Fällen um 11 vH unter der Steuerbelastung, mit der Gewinne inländischer Kapitalgesellschaften belastet sind, die an inländische Obergesellschaften ausgeschüttet wurden. Dieser Vorteil der ausländischen Obergesellschaften spielt bei den Größenordnungen der Gewinne der im Wettbewerb stehenden deutschen Energieerzeuger eine erhebliche Rolle.

Es darf allerdings nicht verkannt werden, daß die Vorteile bei der inländischen Besteuerung nicht endgültige Vorteile für die ausländischen Obergesellschaften sein müssen, denn die ausländischen Obergesellschaften haben die ihnen zufließenden Gewinne in vielen Fällen nach dem jeweiligen nationalen Steuerrecht nochmals zu versteuern. Der errechnete Vorteil bleibt also in voller Höhe nur dann bestehen, wenn die von den deutschen Unternehmen der Energieversorgung an ausländische Obergesellschaften ausgeschütteten Gewinne dort nicht erneut der Steuer unterliegen. Er vermindert sich in dem Maße, in dem die Ausschüttungen noch zusätzlich eine ausländische Steuer zu tragen haben.

2. Die Zulässigkeit der Abschreibung ausländischer Beteiligungen

Ausländische Obergesellschaften haben weiter in vielen Fällen die Möglichkeit, nach ihrem nationalen Steuerrecht den steuerlichen Gewinn über die Bewertung ihrer Beteiligungen an deutschen Unternehmen zu beeinflussen. Oft ermöglicht es das ausländische nationale Steuerrecht, Beteiligungen an fremden Unternehmen in einem erhöhten Maße abzuschreiben. In einzelnen Ländern beruhen die Abschreibungen weitgehend auf Vereinbarungen zwischen der Finanzverwaltung und den

Unternehmen. Durch erhöhte Abschreibungen auf Beteiligungen an deutschen (oder anderen ausländischen) Unternehmen wird der Gewinn der ausländischen Obergesellschaft vermindert. Sie spart auf diesem Wege Steuern. Die Steuerersparnis betrifft zwar keine deutschen Steuern, sondern nur die ausländischen. Die ersparten Mittel können jedoch von der Obergesellschaft aus in der deutschen Untergesellschaft eingesetzt werden. Auf diese Weise wird dann der Wettbewerb durch eine internationale Unternehmensverflechtung ebenfalls beeinflußt. Welchen Umfang die Beeinflussung des Wettbewerbs durch derartige Abschreibungen auf ausländische Beteiligungen erreicht, wird sich wahrscheinlich in aller Exaktheit nicht feststellen lassen. Es wird kaum möglich sein, Einsicht in alle bestehenden Abschreibungsvereinbarungen zu erlangen. Es ist aber zu vermuten, daß die auf diese Weise vorgenommenen Gewinnbeeinflussungen von erheblichem Gewicht sind.

II. Deutsche Beteiligungen an ausländischen Unternehmen

Die steuerliche Behandlung deutscher Beteiligungen an ausländischen Unternehmen hat im Rahmen dieser Untersuchung vor allem für die deutschen Unternehmen Bedeutung, die auf dem Gebiete der Erdölgewinnung tätig sind. Die deutschen Erdölvorkommen reichen nicht aus, den deutschen Bedarf zu decken. Sie sind darüber hinaus ungünstig gelagert. Die deutschen Erdölunternehmen beteiligen sich deshalb in zunehmendem Maße an der Aufsuchung und Erschließung von Erdölvorkommen im Ausland, insbesondere in den sogenannten Entwicklungsländern. Sie bedienen sich dazu jedoch nur in seltenen Fällen eigener ausländischer Betriebsstätten; ihre Auslandstätigkeit erfolgt vielmehr regelmäßig über Gesellschaften ausländischen Rechts, an denen sie sich beteiligen oder denen sie beteiligungsähnliche Darlehen gewähren. Die deutschen Unternehmen treffen hier auf die Konkurrenz ausländischer Erdölunternehmen, die häufig in ihren Heimatländern außerordentliche steuerliche Vergünstigungen genießen. Um den deutschen Unternehmen gleiche Chancen einzuräumen, muß ihnen deshalb eine möglichst große Freiheit bei der Bewertung ihrer ausländischen Beteiligungen eingeräumt werden. Als ein Schritt in diese Richtung kann der von verschiedenen Landesfinanzministerien herausgegebene gleichlautende Erlaß über die steuerliche Behandlung von Auslandsinvestitionen deutscher Erdölunternehmen[79] angesehen werden, der gewisse vorläufige Wertberichtigungen bei derartigen Auslandsbeteiligungen vorsieht, die erst bei Anlaufen der Förderung aufzulösen sind. Der Bewertung der ausländischen Beteiligungen deutscher Erdölunternehmen wird in der Zukunft eine erhöhte Aufmerksamkeit zugewendet werden müssen.

---

[79] Vgl. Abschnitt B. I. 1.

Ergebnis

Die Untersuchung hatte zur Aufgabe, die derzeitige steuerliche Behandlung der Gewinnung und Verwendung der Energieträger Steinkohle und Öl zu analysieren und Vorschläge für eine Besteuerung zu machen, die den Interessen der deutschen Wirtschaft und zugleich den Interessen der in Frage kommenden Wirtschaftszweige entspricht. Es ergab sich zwangsläufig — denn Besteuerung ist ein sekundärer Vorgang — daß auf die unterschiedlichen natürlichen, wirtschaftlichen und rechtlichen Verhältnisse eingegangen werden mußte, unter denen die Unternehmen des Steinkohlenbergbaus und der Mineralölwirtschaft arbeiten.

Die Untersuchung ging nach einer quantitativen und einer normenrechtlichen Methode vor.

Bei der quantitativen Analyse zeigte sich, daß die Auswirkungen der Besteuerung insgesamt und der einzelnen Steuern zu einem erheblichen Teil nicht feststellbar waren oder durch eine nur teilweise Feststellung ohne entscheidenden Aussagewert blieben. Das Institut lehnt jede Analyse, die sich auf Zölle oder einzelne Steuern (z. B. Verbrauchsteuern, Umsatzsteuer, Umsatzausgleichsteuer) beschränkt, als Vergleichsbasis für die steuerliche Belastung der Energieträger ab. Es mögen so gefundene Zahlen Anhaltspunkte für Diskussionen bieten. Einen Aussagewert für einen echten steuerlichen Belastungsvergleich haben sie erst dann, wenn sie Teile einer erschöpfenden Gesamtanalyse sind oder feststeht, daß die Besteuerung der Energieträger im ganzen gesehen gleichmäßig und richtig ist.

Bei der normenrechtlichen Untersuchung ergeben sich Feststellungen von Aussagewert. Die Analyse mußte sich auf alle Steuern von Gewicht erstrecken und ihren Wechselwirkungen Rechnung tragen. Es war also zu prüfen, ob das deutsche Steuersystem den Unternehmen des Steinkohlenbergbaus und der Mineralölwirtschaft so gerecht wird, daß man für beide Wirtschaftszweige von einer richtigen, gleichmäßigen und damit auch gerechten Besteuerung sprechen kann.

Soweit es sich um die Steinkohle handelt, muß diese Frage für den Bereich der Kohlegewinnung weitgehend verneint werden. Während sich für die Kohlegewinnung auf Grund der wirtschaftlichen Sonderstellung des Bergbaus durch die Jahrhunderte ein Sonderrecht entwickelt hat, ist die Besteuerung dieser Entwicklung nicht gefolgt. Inwieweit desem Mangel abgeholfen werden kann, wird in der Untersuchung dargestellt. Die Darstellung betrifft Bewertungsfragen bei der Einheitsbewertung und der Körperschaftsteuer, bei dieser außerdem die Behandlung der Rücklagen und der Verluste. Ferner werden Möglichkeiten der steuerlichen Entlastung bei der Lastenausgleichsvermögensabgabe, der Gewerbesteuer (einschließlich Lohnsummensteuer) und der Umsatzsteuer aufgezeigt. Gegen die Besteuerung der Verarbeitung und des Vertriebs (Handels) der Steinkohle lassen sich dagegen über die allgemeinen auch für andere Wirtschaftszweige geltenden Einwendungen hinaus keine typischen Bedenken erheben.

Soweit es sich um das Öl handelt, muß zwischen den Herkunftsarten des Rohöls — inländische Gewinnung und Rohölimport — unterschieden werden. In der inländischen Erdölgewinnung liegen, soweit es sich um den Aufschluß handelt, Besonderheiten vor, die denen der Kohlegewinnung ähnlich sind. Daher werden für die Erdölgewinnung insoweit Vorschläge gemacht, die mit denen für die Kohlegewinnung verglichen werden können. Das gilt in einem gewissen, durch die andere Technik bestimmten Ausmaß, auch für die Bohrungen. Die steuerliche Behandlung des Importöls vor der Einfuhr läßt sich nicht feststellen. Mit Recht erstreckt sich der dem Institut erteilte Auftrag auch nicht hierauf. In der Verarbeitung treffen nun inländisches und importiertes Rohöl aufeinander. Damit ergibt sich notwendig die Frage einer Ausgleichsbelastung des Importöls, die zur Zeit Gegenstand parlamentarischer Beratungen ist[80].

Die normenrechtliche Prüfung führt also zu folgenden Ergebnissen: Der Dynamik des wirtschaftlichen Fortschritts ist bei der Kohle- und Erdölgewinnung steuerlich Rechnung zu tragen. Bei der Kohle sind darüber hinaus steuerliche Unterlassungen der Vergangenheit auszugleichen. Es ist notwendig, im Rahmen des in der Bundesrepublik bestehenden Bergrechts eine diesem entsprechende Besteuerung der Steinkohlegewinnung zu schaffen. Die hierfür erforderlichen Vorschläge werden in dieser Untersuchung gemacht. Ebenso ist es notwendig, der Besteuerung der inländischen Erdölgewinnung eine gesteigerte Aufmerksamkeit zuzuwenden. Auch die hier auftretenden steuerlichen Fragen von Gewicht zeigt die Untersuchung auf. Das Institut hofft, wenn es auch nicht auf alle Einzelheiten eingegangen ist, die für beide Wirtschaftszweige wesentlichen Fragen behandelt zu haben.

Die in der Untersuchung auf Grund der normenrechtlichen Analyse gegebenen Anregungen haben eine möglichst gleichmäßige und gerechte Besteuerung von Kohle und Öl zum Ziel, die der derzeitigen wirtschaftlichen und rechtlichen Lage dieser Wirtschaftszweige entspricht. Wird dieses Ziel erreicht, ist die stärkste Gewähr gegeben, Wettbewerbsverzerrungen zu vermeiden.

---
[80] Vgl. Abschnitt A. III. 2. c) bb).

Printed by Libri Plureos GmbH
in Hamburg, Germany